문학과
여성

허영은 · 허필숙 공저

대구대학교출판부

허영은

한국외국어대학교 일본어과 졸업
일본 오차노미즈대학 박사과정 수료
대구대학교 일본어일본학과 교수
저서 ;『일본문학으로 본 여성과 가족』 등

허필숙

연세대학교 영문학과 졸업
연세대학교 영문학과 박사
연세대학교 강사
저서 ;『기억, 환상 그리고 실체』(공저) 등

초판 발행 | 2009년 4월 30일
지은이 | 허영은 · 허필숙
펴낸이 | 이용두
펴낸곳 | 대구대학교출판부
경북 경산시 진량읍 내리리 15
전화 053) 850-8661~4 | 팩스 053) 850-5669
http://press.daegu.ac.kr/
찍은곳 | 초록뱀디지털
ISBN 978-89-7794-530-2-93330
정가 | 10,000원

· 들어가며

이제는 고전이 된 저서 『제 2의 성』에서 시몬느 드 보봐르는 "여성은 태어나는 것이 아니라 만들어진다." 는 유명한 말을 남겼다. 그녀는 주체의 위치를 차지한 남성과 그들이 주장하는 가치에 의해 더 이상 타자의 자리로 내몰리지 말고, 여성 역시 주체의 자리에 설 것을 강조한다. 그러기 위해서는 먼저 여성을 여성으로 만드는 사회적 인습이나 규범, 제도와 교육들을 살펴봐야 할 것이고, 그 다음에는 여성 스스로가 그 속에서 어떻게 그것들을 자발적으로 혹은 타율적으로 습득해가는 지를 면밀히 살펴야 할 것이다. 이는 꽤나 방대한 작업이 될 것이지만 다행히 문학 작품들은 간결하고도 정확한 상태로 그 과정과 결과를 제시해준다. 이 책에 수록된 작품들은 하층계급의 창녀에서 한 나라의 왕비에 이르기까지, 그리고 시대와 국가를 초월해서 여성으로서 그들이 느낄 수밖에 없었던 한계와 좌절을 보여준다. 그러나 이들이 늘 희생자와 약자에 머무르지는 않는다. 때로 이들이 느끼는 억압과 주변부적 존재라는 위치의 특성상 그들은 자신들이 속한 사회의 병폐를 멀리서 관망할 수 있는 거리를 확보해서, 그 결과 자유로운 인간으로 도약할 가능성을 약속받기도 한다.

여성은 여성으로 만들어지기도 하지만 여성으로 태어나기도 한다. 육체적으로 여성은 남성에 비해 근력은 떨어지지만 더 유연하듯이 정신적으로도 이처럼 남녀가 대비를 이루는 수많은 특징들이 있다. 남성중심의 가치관에서 이런 여성적 특질들은 자동적으로 열등한 것으로 평가절하 되었지만, 이러한 양자의 비교 우위적인 평가는 상당히 소모적이다. 그렇기 때문에 각자의 고유한 성적 특성을 이해하는 것을 여성 해방의 출발점으로 삼아야 한다는 말은 이미 오래 전부터 있어왔다. 앞서 여성을 여성으로 만들어가는 객관적인 제도와 현실의 분석에서처럼 여성의 내면을 살펴보는 영역에서도 문학은 탁월한 능력을 발휘한다. 심리학이나 기타 정신과학적 이론서와 달리 문학은 일상적인 체험과 언어를 통해서, 그렇지만 더욱 포괄적이며 직관적으로 여성의 고유한 특성을 재현한다. 버지니아 울프가 그 좋은 예이다.

문학적 허구의 공간 속에서 이들 여성들은 어머니와 아내, 딸과 연인으로 살아가면서 그들이 갇혀 있는 세계에 대해서 말한다. 그들을 가두고 있는 것은 세상일까, 아니면 그들 자신일까? 어느 경우가 되었든 그들의 모습을 통해 우리는 삶을 통찰할 지혜를 조금씩 얻게 될 것은 분명하다. 이 책에 담겨 있는 동서양 여성들의 다양한 삶이 현대를 살아가는 우리에게 때로는 격려의 메시지로, 때로는 시공을 초월한 공감으로 다가오기를 기대해 본다.

· 차 례

1 램지 부인과 비움의 능력 - 『등대로』

울프의 에로틱한 감수성 2

감각적 체험과 자아의 소멸에 대한 불안 5

교감, 에너지의 흐름 11

2 죽음의 반대는 욕망 - 블랑쉬 드브와 - 『욕망이라는 이름의 전차』

아름다운 꿈의 몰락 30

꿈과 현실의 대면 38

나는 마술을 원해요 45

삶과 환상 51

3 인습을 타파한 여성들, 워렌 부인과 그의 딸 비비 - 『워렌 부인의 직업』

여성은 이중으로 예속된 존재이다. 60

여성의 직업—매춘과 결혼 65

워렌 부인의 주장은 정당한가? 78

신여성 비비 87

4 침묵하는 어머니 거트루드 - 『햄릿』

비극적 사건의 중심에 서있는 거트루드 92
복수극과 궁정의 여인들 99
극중의 거트루드 104
정치적 여인 거트루드 113

5 사랑에 목숨 거는 여인들 - 『겐지 이야기』

지고지순한 사랑—무라사키노 우에 122
금지된 사랑—후지츠보 126
질투의 화신—로쿠죠 미야슨도코로 129
겐지를 거부한 여자—우츠세미 135
달콤한 밀애의 대가—오보로즈쿠요 139
자신을 낮출 줄 아는 여성—아카시노 기미 143
엇갈린 운명의 비극—온나산노미야 150

6 안타까운 사랑 이야기 - 『이세 이야기』

우물가의 사랑 159
피로 쓴 사랑 노래 163
어리석은 여인의 사랑 167
도깨비에게 먹혀 버린 여자 169
백발 노파의 사랑 173

7 권력에 짓밟힌 여인의 운명 - 『헤이케 이야기』
헤이케 비극의 상징—겐레이몽인 181
버림받은 여인—기오 185
두 남자에게 사랑 받은 여자—고고 191

8 욕망과 본능의 괴기담 - 『곤자쿠 이야기집』
질투하는 여성들 196
질투 때문에 뱀으로 변한 여자 199
죄 많은 존재로서의 여자 204
적극적인 여성들 206

1

램지 부인과 비움의 능력

-『등대로』

울프의 에로틱한 감수성

울프의 소설들이 대체로 그렇지만, 『등대로』를 읽으면서 대부분의 독자들은 그 난해함에 당혹스러워한다. 소설의 스토리는 의외로 간단하다. 소설은 3부로 이루어져 있으며 1부 <창>은 영국의 한적한 섬마을에 있는 램지 일가의 여름 별장을 찾아온 사람들이 하루 반나절 동안 겪는 일을 그린다. 어느 여름날 오후와 저녁때의 잔잔한 일상을 통해 인물들의 감정의 흔들림이나 내면의 사색들이 세밀한 필치로 전개된다. 그럼에도 불구하고 『등대로』가 어려운 이유로는 이 소설이 전통적인 의미의 플롯이나 기법을 따르지 않는다는 점을 들 수 있다. 이 소설에는 객관적으로 중요한 사건이나 행동들은 없다. 대신 작가는 인물들의 내면세계를 우리 앞에 펼쳐 보이고, 소설의 화자는 인물들의 내면과 외부 현실사이를 자유롭게 넘나든다. 바로 이 부분에서 독자의 혼란이 오는 것이다. 울프는 평범한 일상의 사건들 속에서 인물들 개개인이 자신에 대해, 그리고 타인에 대해 느끼는 감정이나 떠오르는 생각 등을 집요하게 나열하며, 그 결과 소설은 과거나 현재, 혹은 자기와 타인의 경계가 없이 마치 물처럼 무정형으로 흐르는 주관적인 인상들과 생각들로 넘친다.

두 번째 어려움은 앞의 것과 무관하지 않다. 비단 울프 뿐 아니라 일반적으로 작가가 내면의 의식의 흐름에 초점을 둘 때면 이해와 전달의 어려움이 따른다. 이러한 기법의 대표자로 꼽히는 제임스 조이스의 소설들도 난해하기는 마찬가지이다. 그런데 울프의 경우는 의식의 흐름이나 연상 기법을 사용한다는 면에서는 마르셀 프루스트나 조이스와 같지만, 이들 남성 작가들과는 다른 면모를 보인다. 그것을 제임스 내어모어의 표현에 따라 "극히 감각적이며… 에로틱한 감수성"에서 나온 글쓰기라고 말할 수 있겠다. 소설에서 인물들은 "급작스런 환희, 두려움, 자기최면이라고 할 수 있을 정도의 몽상적인 체험"에 빠져든다. 육체에서 일어나는 강렬한 느낌들은 바로 그 강력함으로 인해 자기 자신이나 주변 현실까지도 순간적으로 망각하게 만들 정도이다. 이런 체험들은 느닷없이 찾아왔다 사라지며, 작가가 그것들을 묘사하는 방식은 의식의 흐름 기법에서 흔히 볼 수 있던 연상기법과는 일정한 차이가 있다. 내어모어가 울프의 작품에 나타나는 에로틱한 감수성에 주목하면서 『등대로』는 "직설적인 의식의 흐름 소설로 간주되었지만 그 용어를 제한적으로 적용해야 한다."고 지적한 것도 이런 맥락에서일 것이다. 『등대로』에는 '의식의 흐름'에 '감각의 흐름'이라는 차원이 하나 더 보태졌다고 말할 수 있으며 이 두 차원이 본질적으로 다르고, 그것들이 어떻게 상호작용을 하는가를 전체적으로 이해할 수 있을 때 비로소 울프의 『등대로』는 온전한 형태를 갖추게 된다.

이런 백일몽적인 체험은 울프가 <지난날의 삽화>(A Sketch of the Past)에서 말한, 습관적이며 무의식적으로 살아가는 '비존재의 순간들' 속에서 맞닥뜨리게 되는 전혀 다른 '존재의 순간들'과 다르지 않다. 울프의 모든 글에는 소위 '존재의 순간들'이 흩어져 있으며, 이런 순간들은 항상 강렬한 감각적 체험을 수반하는 특징을 지닌다. 주체가 습관적이며 타성적인 삶에서 벗어나 자신과 삶에 대한 통찰을 얻는 비범한 순간은 늘 감각적인 체험, 의식의 몽롱함과 마비를 수반한다. 자아의 소멸이라고 할 수 있는 이런 순간들에서 익숙한 삶의 공간과 질서는 붕괴되고, 과거와 미래는 사라지고 오직 순간만이 존재하며, 주체의 경계는 허물어져서 대상 속으로 녹아든다. 그러나 아쉽게도 이런 경험들은 어떤 일관된 방향성과 강도로 지속되지 못한 채 순간에 그치고, 그런 경험을 하는 주체는 그것으로부터 삶을 변화시키는 실질적인 동력이 될 만한 어떤 명료하고도 구체적인 깨달음을 얻지도 못한다. 바로 이런 특성 때문에 많은 평자들은 감각적으로 체험되는 순간들을 삶을 변화시킬 힘이 내재된 순간들로 보는 것이 아니라 그저 개인적이고 일탈적인, 우연한 심리적인 경험으로 간주한다. 존재의 순간 속에서 사람들의 인식은 비약적으로 확장되지만 결국 이전의 자아로 회귀한다. 그렇기 때문에 이런 지적이 반드시 틀린 것만도 아니다. 『등대로』에 나타나는 '감각적 순간'들은 '비범한 순간'일 수 있으나 또한 객관적 현실로부터의 '도피'가 될 수도 있는 양가성을 지닌다. 이 글에서는 『등대로』에 나타나는 감각적 순간들의 본질을 정리하고, 그런 순간들을 어떻게 승화된 존재의 차원으로 나아가는 계기로 만들 수 있는지를 살펴보고자 한다.

감각적 체험과 자아의 소멸에 대한 불안

울프의 소설을 분석하기에 앞서 감각적 체험의 본질을 탁월하게 묘사한 존 키츠의 시 <나이팅게일에 부치는 노래>를 먼저 살펴보기로 하자. 이 시에는 순수한 감각적 체험의 특징이 잘 나타난다. 감각적 순간에 일체의 대립과 모순들은 하나로 융합되며, 이는 자아의 소멸과 맥을 같이 한다. 자아는 '나'에 대한 의식이다. '나'라는 존재로 인해 세상은 주체와 객체로 분리된다. '나'의 존속은 삶이며, '나'의 소멸은 죽음이 되고, '나'로 인해 온갖 욕망과 고통과 환희, 갈등과 번뇌가 생겨난다. 자아가 개입하는 순간 삶은 모순과 대립으로 가득 차게 되는데 키츠는 이 시에서 이러한 모든 분별하는 마음의 원천인 자아를 벗어나는 방법의 하나로 감각에의 몰입을 들고 있다. 시의 첫 연은 나이팅게일의 노래를 들으며 통증과 마비를 경험하는 시인의 상태를 묘사한다. 시인의 의식과 감각은 마비되고 외부 상황은 지금과는 전혀 다른 식으로 수용된다. 순수한 감각의 세계로 진입하는 첫 문턱에서 시인은 비현실적인 체험을 한다. 나이팅케일의 노래라는 외부의 자극을 그는 생각과 감각에서 각각 다르게 받아들인다. 그의 의식은 혼미해지고, 감각적으로는 통증을 느낀다.

> 나의 심장은 쑤시고, 몽롱한 마비감에 내 감각이
> 저리는구나. 마치 독 당근을 마신 듯이,

> 아니면 정신을 혼미 시키는 마약을 마지막 방울까지
> 막 들이켜서, 망각의 강을 향해 가라앉는 듯이.

시인의 지극히 예민한 감각은 나이팅게일의 노래에 일상적인 반응과는 다른 반응을 보인다. 나이팅게일의 아름다운 노래는 시인에게 통증을 안겨주지만 그런 통증은 불쾌감이 아니라 마약에 대한 언급에서 추정할 수 있듯이 정신을 혼미하게 만들고, 시인이 겪을 황홀감을 예견케 한다. 마음의 다른 기능들, 예컨대 욕망이라든가 생각들의 개입을 차단하고 오로지 감각에 집중한 결과 그의 육체는 외부 현상을 전혀 다른 방식으로 수용하는 것이다. 그것은 자아의 횡포에서 잠시 해방된 시인이 그의 육체와 정신을 새롭게 깨닫는 순간이기도 하다.

그런데 새로운 세계는 이전의 자아가 소멸될 때만 가능하다. 따라서 새로운 세계가 주는 흥분과 설렘은 소멸에 대한 공포감을 수반한다. 주변의 존재들과 하나로 융합되고자 하는 시인의 갈망과 비전은 다음 연에서 감미로운 포도주를 한 잔 마시고 "아무의 눈에 띄지 않게 세상을 떠나서 그대와 함께 희미한 숲 속으로 사라졌으면"하는 소망으로 표현된다. 시인은 생로병사가 존재하는 이승, 즉 눈물의 계곡을 죽음을 통해 벗어나고자 하지만 그것이 현실 도피적이며 패배적인 태도에서 나오는 것은 아니다. 시에서 소멸과 죽음에의 갈망은 자기를 비워내는 적극적인 과정이다. 3연에서 시인은 멀리 사라지고, 녹아들고 싶어 하는데, "사라진다"든가 "녹아든다"는 표현에 주목할 필요가 있다. 이것은 단순히 비유적인 표현이 아니라 감각의 강렬함 속에서 그의 육체와 실제 세계의 경계가 허물어지는 단계라고 짐작할 수 있다. 그 결과 시인은 지금까지와는 다른 방식으로 사물들을 알고 느끼며, 존재의 다른 차원을 경험하게 된다.

> 그 어느 때보다도 죽음이 풍요로워 보이니
> 아무 고통 없이 한 밤중에 소멸된다는 것,
> 그대가 사방에 그대의 영혼을 분출시킬 때
> 엄청난 황홀경을 맛보며!
> 그대는 계속 노래 부를 테지만 내 귀에는 아무 소용도 없으리니,
> 그대의 진혼곡에 나는 한 줌 흙이 되었네.

합일감에 충만했던 시인은 "쓸쓸한!" 이란 말에서 문득 고독감을 느낀다. 시인은 극도의 황홀감과 편안함에서 고독의 감정으로 이행한다. 외부 현실이 변화된 것은 없다. 황홀감은 상황을 긍정하는 태도이며, 고독과 쓸쓸함은 상황을 부정한 결과이다. 이렇듯 긍정에서 부정으로 이행하는 과정은 잠시 정지되었던 자의식이 다시 활동하기 때문이다. 강렬한 감각적 체험의 순간에 그의 자아가 사라지고 사물들과의 충만한 합일을 경험하지만 그 밑바닥에는 죽음에 대한 공포가 자리한다. 나의 유일한 자아로 돌아온다는 것은 현실에 안착하고 싶어하는 시인의 욕망을 드러낸다. 그러나 설령 기왕의 현실로 돌아오더라도 그는 이미 다른 존재의 순간들을 맛본 상태로 돌아오는 것이다. 강렬한 감각적 체험을 통해 그는 일상적 삶이 허상에 불과하다는 것을 체득한다.

쓸쓸한! 이 말은 마치 조종처럼
나를 내 유일한 자아에게로 다시 불러 오는구나!

죽음은 삶이요, 삶은 죽음이라는 역설이 감각적 순간들에 존재하게 된다. 자아의 죽음을 통해 순간적으로 맛본 삶은 찬란하고 아름다웠지만, 그 세계에 완전히 몰입한다는 것은 시의 첫 연에 나왔듯이 의식을 마비시키는 정도가 아니라 죽음의 그림자를 느끼게 할 만큼 두려운 것이다. 그렇지만 시인은 자연과의 합일에서 느꼈던 충만함을 다시 그리워한다. 그리하여 일상을 넘어선 비범했던 순간은 시인으로 하여금 진정한 존재의 의미를 탐구하는 계기가 된다. 자신이 보고, 듣고, 느끼는 이 세계가 환상일 수도 있음을 순간적으로나마 보았기 때문이다.

그것은 비전이었나 혹은 백일몽이었나?
음악은 사라졌네: - 나는 깨어있었나 아니면 잠들어 있었나?

『등대로』의 분석에 앞서 이 시를 먼저 살펴본 이유는 키츠가 여기서 간결하지만 정확하게 '일상/욕망/자아'를 '초월/감각/자타의 합일'과 대비시키며, 이 두 차원을 오고가는 경험이 어떻게 일어나는지를 보여주기 때문이다. 또 그 과정에서 울프의 소설에 표현된 감각적 순간들을 보다 명료하게 이해할 수 있는 몇 가지 기준도 얻을 수 있다. 시인은 나이팅게일의 노래를 들으면서 심장이 쑤시고 감각이 저리는 것을 느낀다. 육체에 느껴지는 이런 반응들은 시인의 내면에서 이미 일차로 감정적인 대응이 일어났음을 암시한다. 육체의 반응은 그 다음이다. 쑤신다든가 저린다는 것은 분명히 육체의 아픔과 통증이며, 시인은 극히 예민한 감수성을 통해 아름다움은 즐거움을, 그리고 추함은 고통을 유발시킨다는 습관화된 반응을 뒤엎는다. 아름다움을 보고도 고통스러워할 수도 있고, 육체의 통증을 주시하면서도 환희에 쌓일 수도 있으니까 감정이란 육체적인 감각이나 외부의 현상과는 무관하게 주관적으로 일어나는 반응인 것이다.

또 하나 특기할 만한 사실은 감각적 체험은 오로지 순간으로만 존재한다는 것이다. 가슴에 느껴지는 통증, 온 몸에 번지는 나른함 등은 감각적인 현상이다. 감각에서 수용한 자극들을 계기로 시인의 머릿속에 생각들이 일어나고, 일어난 생각들은 다시 과거와 미래를 오가면서 또 다른 생각들을 불러일으킨다. 생각은 이렇듯 과거와 미래를 자유롭게 오가지만 감각은 속성상 그렇지 못하다. 순간을 놓치면 그 순간의 감각도 놓치게 된다. 그렇게 되면 우리는 감각에서 벗어나 그 감각이 빚어낸 허상들, 즉 생각들의 홍수 속으로 휩쓸려들고 마는 것이다. 따라서 감각적 순간에는 과거나 미래는 없다. 오로지 순간의 진정성만이 존재할 뿐이다. 계속 순간에 머물 수 있는 힘이 있다면 그런 순간들에서 우리는 일상화된 삶 저변에, 우리가 자아라고 이름붙인 것과는 다른 차원의 존재를 만날 수 있을 것이다. 키츠는 또 다른 나로 향하는 길을 '사라지고, 녹아드는 과정'으로 그리고 있으며, 그런 순간들이 이어지면 필연적으로 나의 의식은 사라지고 말 것이다. 그리하여 감각적 순간들은 자아의 해방과 동시에 죽음의 두려움을 불러오는 것이다.

새로운 존재의 차원으로 진입하기 위해서는 기존의 차원에서 통용되었던 소위 낡은 자아는 효용성을 상실한다. 죽음, 소멸, 엄청난 황홀경이란 표현들은 이런 존재의 역설을 잘 드러내는 말들이다. 그러나 많은 사람들이 이러한 순간을 동경하면서도 그것에 쉽사리 도달하지 못하거나, 이 시에 나오는 시인의 경우처럼 설령 도달했다 하더라도 오래 머물지 못하는 이유는 그 상태가 엄청난 두려움을 불러일으키기 때문일 것이다. 자기가 받아들일 수 있는 경험들로 구축된 세계에서 벗어나 미지의 세계 - 밖으로 향하는 것이 곧 자기의 내면을 향하는 과정에 다름 아닌 이러한 여행 -로 향한다는 것은 마치 등불 없이 캄캄한 황야로 나아가는 것과 똑같을 것이다. 목적지에 안착하면 여행자는 자유와 해방을 성취할 터이지만 그 과정에서 주체는 자기가 떠나온 안전한 곳으로 돌아가고 싶은 열망을 느낀다. 이렇듯 꿈과 현실사이에서 갈등하면서 그는 불안과 두려움을 느낄 수밖에 없다.

시인이 느끼는 쓸쓸함은 감각적 순간의 절정에서 시인이 그것을 부정했음을 알려주는 표식이다. 감각적 순간에 집중해 들어가면서 시인은 의식을 마비시킨 채 감각으로 느끼는 모든 현상들을 긍정한 결과 잠시 황홀감에 휩싸인다. 그러나 감각이 의식을 압도할 지경에 이르자 시인은 그의 외로운 자아로 귀환한다. 시인은 자아의 소멸을 통한 더 큰 존재와의 합일의 가능성, 그 숨 막히는 황홀감의 문턱에서 쓸쓸하기는 하지만 익숙한 자신에게로 돌아온다. 시인은 조금 전에 경험했던 그 순간이 지금껏 살아온 것과는 다른 존재의 차원으로 진입할 수 있었던 창조적인 순간인지, 혹은 백일몽인지 의문을 던진다. 많은 비평가들이 시의 마지막 부분을 들어서 시인이 상상의 세계로 도피하는 대신 현실 세계의 고통과 책임을 직면하기로 선택했다고 결론짓는다. 이 글의 목적이 키츠의 시의 분석이 아니니 만큼 여기에 대한 상세한 언급은 하지 않겠으나 키츠에게 있어서 시를 쓰는 행위, 그리고 충만한 삶을 산다는 것은 끊임없이 자신을 비워내는 행위와 다르지 않다. 따라서 이 시를 이상과 현실 사이의 선택의 문제를 떠나서, 감각적 체험을 통해 시인이 자기를 비워내어 일상을 벗어난 '존재의 차원'에 이르렀다가 '무의식적인' 삶으로 돌아오는 과정으로 보아도 큰 무리가 없으리라고 본다.

교감, 에너지의 흐름

램지 부인이 겪는 과정도 시인의 그것과 별반 다르지 않다. 소설은 다음 날 등대로 여행을 할 수 있는가를 놓고 램지 부부가 말다툼을 벌이는 장면으로 시작한다. 램지 부인은 날씨가 좋아서 내일 등대로 여행을 할 수 있다고 아들 제임스를 위로하지만, 램지 씨는 다음 날 날씨가 안 좋을 것이 뻔한 데도 아들에게 헛된 기대를 하게 만드는 아내가 못마땅해서 날씨가 나쁠 것이라고 단호하게 말한다. 이렇듯 하찮은 일을 가지고 아내에게 거칠게 대했다는 자책감과 학문 세계에서 자기가 그다지 큰 업적을 성취하지 못했다는 자의식 등이 뒤섞여서 그는 아내에게 사과를 하고자 한다. 이들 부부가 애정을 확인하는 스타일은 거의 대부분 남편이 화해의 몸짓으로 동정과 위로를 원하고 아내는 여성 특유의 감수성과 포용력으로 이를 받아주는 형태를 취한다. 그는 동정을 바라면서 아들에게 책을 읽어주고 있던 램지 부인에게 접근한다. 제임스는 그런 아버지에게 강렬한 적개심을 느끼지만 그런 아들의 반응과 무관하게 램지 부인은 램지 씨의 접근을 느끼자 몸과 마음이 흔들린다.

이어지는 램지 씨와 램지 부인의 교감은 제임스를 매개로 해서 독자에게 전달된다. 그러나 소설에서 인물들은 모두 작가의 일부처럼 등장하면서 작가의 시선을 공유하는 경향이 있음을 상기한다면, 부부의 교감을 전달하는 인물이 제임스이든 울프이든, 아니면 램지 부인이든 큰 상관은 없을 것이다. 오히려 이 부분에서 주목해야 할 점은 램지 씨와 램지 부인의 인간적인 특성이 사라진다는 점이다. 그들의 육체와 감정, 생각들은 사라졌으며 그들은 원초적인 흐름으로 존재한다. 램지 부부는 방출되거나 유입되는 에너지의 흐름, 에너지의 응축과 이완일 따름이다.

> 긴장하지 않고 편안하게 앉아 있던 부인은 팔로 아들을 감싸 안고 자신을 다잡고 몸을 도사리면서 힘겹게 자신을 일으키는 것 같았다.
> 그러더니 즉시 대기 속으로 에너지의 비를, 물보라의 기둥을 곧바로 쏟아 붓는 듯이 보였다. 그러면서 동시에 그녀는 마치 그녀의 모든 에너지가 힘으로 녹아들어 활활 타고 빛을 발하고 있기나 한 듯이 생기있고

> 생동감이 넘쳐보였다. (비록 그녀가 조용히 앉아서 양말을 집어 들긴 했지만.) 그리고 이 맛좋은 비옥함, 삶의 샘과 물보라 속으로 남성의 치명적인 불모성이 비생산적이고 헐벗은 놋쇠의 부리와도 같이 돌진해 들어갔다. … 그녀의 양 무릎 사이에 대단히 뻣뻣하게 서서 제임스는 그녀의 모든 힘이 솟아올라와 동정을 요구하며 되풀이해서 사정없이 내리치는 남성의 척박한 언월도, 놋쇠부리에 의하여 마셔져서 꺼지고 있다고 느꼈다. … … 그리고 그녀의 양 무릎 사이에 뻣뻣하게 서 있는 제임스는 그녀가 잎이 무성하고 가지들이 춤을 추는 장밋빛 꽃이 핀 과일나무 안에서 발기하는 것을 느꼈다. 그 속으로 놋쇠 부리, 즉 아버지의 척박한 언월도가 동정을 요구하며 돌진해 들어갔다.[1]

내면의 에너지가 활성화되면서 램지 부인의 육체는 활력을 얻고 빛을 내뿜는다. 이 부분에 등장하는 '에너지의 비', '물보라의 기둥', '삶의 샘과 물보라', '놋쇠의 부리', '언월도'를 단순히 이들 부부의 심리적 상태, 혹은 추상적인 교감을 문학적으로 표현하는 수단인 메타포로만 간주해야 할 것인가? 비단 이 소설에서 뿐 아니라 울프의 다른 작품들에서도 이러한 체험 과정과 그것을 전달하는 특색있는 어휘들은 일관성 있게 되풀이되기 때문에 이것들을 울프 특유의 감수성이라거나 '일탈적인 경험의 순간들'이라고 일반화하기는 어렵다. 만일 이런 묘사들을 단순히 표현의 특이함이라거나 문학적 비유로 간주해 버린다면 램지 부인이나 릴리 브리스코우를 통해 되풀이되는 유사한 체험의 의미를

1 버지니아 울프, 『등대로』. 박희진 옮김. (서울: 솔, 1996). 이하 소설의 인용문은 이 책에 따름.

이해할 열쇠를 잃게 된다. 예를 들면 다음과 같은 릴리의 백일몽적 비전도 일상적인 체험을 벗어나는 비범한 순간을 묘사한 것이며, 여기서 그런 상태를 가능하게 하는 것은 사랑이다. 그것은 추상적이며 관념적인 사랑이 아니라 강력한 성적인 에너지에 가깝다.

> 시선을 들어서 그들을 보는 순간 소위 그녀의 '사랑에 빠진 상태'가 그들을 뒤덮었다. 그들은 그 초현실적이지만 관통력 있고 신나는 세상, 즉 사랑의 눈을 통해서 볼 수 있는 세상의 일부가 되었다. 하늘이 그들에게 달라붙어 있었고, 새들은 그들을 통해서 노래를 불렀다. 그리고 한층 더 신나는 일은 … 삶이 우리가 하나씩 살아가는 작고 분리된 사건들로 구성된 것에서 하나의 파도처럼 곡선을 이루고 온전한 전체가 되는 양상을 목격했다. 이 파도는 우리를 그것과 더불어 붕 떠오르게 했다가 단숨에 저기 해안으로 던져버리는 것이었다.

묘사의 강도는 다를지 몰라도 릴리의 경험 역시 사물들이 경계를 벗어나 하나로 이어지는 느낌, 자아의 껍질을 벗고 순간적으로 다른 존재의 내면으로 이동하는, 존재들 사이의 교감과 합일감을 말해준다. 많은 비평가들이 '존재의 순간들'이라고 부르는 이런 비일상적인 순간에 대한 묘사들이 작품 곳곳에 등장하며, 비단 작중 인물들 뿐 아니라 현실의 평범한 사람들도 때로 알 수 없는 강렬한 느낌과 더불어 이런 순간들을 이따금씩 마주치기도 한다. 자아와 대상의 경계가 사라진다는 것이 이런 초월적인 순간의 대표적인 특징이다. 자의식이 생기는 순간에 객관 현실도 생겨나는 것이므로, 자아가 소멸되면 당연히 대상도 사라진다. 따라서 이런 순간에는 자기에 대한 의식이나 대상에 대한 의식도 없이, 앞서의 묘사에서처럼 오직 순간과 순간들이 흐름의 상태로 이어진다.[2] 이것을 울프는 특유의 감각의 흐름[3]기법을 통해 재현한다.

릴리와 램지 부인은 각기 다른 방식으로 사랑의 에너지를 체험한다. 그러한 순간 당사자들은 성적인 희열을 느끼며, 바로 이런 특성으로 인해 내어모어는 에로틱한 감수성이 울프의 글쓰기의 특징이라고 지적했다. 대상과의 육체적인 합일이 없이 독자적으로 느끼는 이런 자기성애는 여성의 육체가 특히 감각에 예민하기 때문에, 남성보다는 여성들이 이런 것들을 더 많이 경험한다고 지적되어 왔다. 울프의 뛰어난 점이라고 한다면 그녀는 이런 자기성애를 단순히 여성성의 한 특질이라거나 아니면 육체적인 성 체험과 대비되는 성적인 판타지로 특수화시키지 않고, 존재의 다른 순간들을 체험할 수 있는 통로로 제시한다는 점이다. 그런데

---

2 울프가 묘사하는 의식의 마비 상태나 물체들이 흐름으로 변화된 상태는 문학 작품이나 기타 사례에서도 빈번히 찾아볼 수 있다. 의식과 육체가 마치 소멸된 것과 같은 이런 상태를 키츠는 <나이팅게일에 부치는 노래>에서 마치 마약을 먹은 후 망각의 강을 건너는 느낌이라고 묘사했고, LSD 복용자들은 안팍의 경계가 사라지고 두려움 없는 환희를 느끼게 되며 외부의 대상들이 물질성이나 경계를 잃게 된다고 고백한다. 이런 상태를 컴퓨터 그래픽으로 영상화한 영화들도 여럿 있는데 그 중에서도 <론머맨>에서 가상현실 기계 속에 들어가 성적인 체험을 하는 장면을 꼽을 수 있다. 영화에서는 감각의 강렬함은 곧 에너지의 강도와 정비례하며, 결국 여자는 쾌감의 에너지를 감당 못해서 미치고 만다.

3 조이스나 프루스트가 사용한 의식의 흐름 기법은 이와는 다르다. 의식의 흐름은 주인공의 의식이 그의 과거와 현재, 미래를 자유롭게 오가기 때문에 마치 인물이 시간의 구속력에서 해방된 듯이 보인다. 그렇지만 사실 그의 의식이 과거, 현재, 미래라는, 인간이 규정한 시간의 틀 속에서 전개된다는 점에서 의식의 흐름 기법은 시간으로부터의 해방을 구현한 듯 하지만 사실은 철저히 시간성에 갇혀 있다. 또한 인물들은 과거에 경험한 내용들을 토대로 구축된 기억이나 상상으로부터 자유롭지 못하다. 의식의 흐름 기법은 어디까지나 의식과 시간성에 철저히 종속된 기법인 것이다. 반면 감각의 흐름은 오직 순간만을 강렬히 인식하며, 경험 주체가 몸으로 느낀다는 면에서 기존의 의식에 물들지 않은 체험, 혹은 존재의 순수성을 드러내는 표현 수단이다. 오직 순간에 머물 때만 인간은 과거, 현재, 미래라는 시간성에서 자유롭기 때문이다.

대체로 이것을 성적인 체험과 연결 짓는 이유는 일반적으로 사람들이 성적인 관계 속에서 무아의 경지와 그것이 주는 희열을 최고도로 체험할 수 있기 때문일 것이다. 다음에서 램지 씨나 부인이 경험하는 일련의 육체적이며 심리적인 반응들도 성적인 체험에서의 그것들과 크게 다르지 않다.

> 그녀의 말을 실컷 듣고, 젖을 실컷 먹고 어머니에게서 떨어져나가는 아이처럼 그는 드디어 그녀를 감사한 마음으로 바라보면서 회생된 상태에서, 한 바퀴 돌겠노라고 말했다. … 그는 떠났다.
>
> 즉시 부인은 몸을 다잡는 것처럼 보였다. 꽃잎을 하나씩 닫고서는 꽃 전체가 지쳐서 떨어졌다. 그리하여 그녀는 손가락만을 움직일 정도의 힘밖에는 없어서 지친 동작으로 정교하게 그림 동화책을 손가락으로 짚어가며 읽어나갔다. 그리고 있는 동안에 마치 샘물의 고동이 울컥거리고 있다가 물이 가득 차면 얼마 후에 그 고동이 조용하게 가라 앉듯이 **성공적인 창조의 환희**가 부인의 전신에 고동쳤다. 그가 그 자리를 떠났을 때 이 맥박의 고동 하나하나가 그녀와 남편을 에워싸고 각자에게 마치 하나는 높고 하나는 낮은 두 개의 음이 함께 연주되어 결합될 때 서로서로에게 주는 것 같은 그러한 위안을 주는 듯했다. 하지만 여운이 사그러졌을 때, 그리고 그 즉시 동화로 다시 돌아왔을 때 부인은 신체적으로 기진맥진한 상태였을 뿐 아니라 (그 당장은 아니고 시간이 좀 지난 후에, 그녀는 늘 이러했다) 기원이 다른, 약간 기분 나쁜 감정이 신체적 피로에 가미되어 있었다.
>
> (강조는 필자의 것임.)

램지 씨가 경험하는 만족은 일차적으로는 육체적인 포만감이다. 램지 부인의 발기된 상태, 에너지의 응집으로 인해 빳빳했던 육체가 서서히 이완되듯이, 램지 씨도 놋쇠 부리나 언월도와 같은 응축의 상태에서 느슨하고 나른해진다. 터질 듯한 에너지로 팽팽했던 그녀는 이윽고 꽃잎을 하나씩 닫고서는, 지쳐서 떨어진다. 이것이 육체의 피로를 지칭하는 말이기는 하나 그렇다고 해서 그녀가 불쾌감이나 상실감을 겪는 것은 아니다. 마치 꽃이 대지의 생명력을 힘껏 빨아들여서 자기의 존재를 활짝 꽃피운 다음에 스러지듯이, 에너지의 방출 이후에 그녀는 성공적인 창조의 환희가 물결처럼 그녀의 전신에 고동치는 것을 느낀다.

성공적인 창조의 환희는 에너지, 샘물, 꽃잎의 열고 닫힘과 같이 하나의 자연 현상으로 존재하던 그녀가 어느덧 자기의 행동을 성찰하는 자의식을 지닌 존재로 돌아왔음을 암시한다. '성공', '창조', '환희'는 이미 '실패', '파괴', '슬픔'을 전제한 개념들이며, 창조의 환희를 자각하는 순간 그녀는 의식하지 못할지라도 이미 그녀의 마음 밑바닥에는 파괴의 슬픔이 자리한 것이다. 에고가 되살아났다는 말은 그녀가 주관과 객관의 대립을 모르는 흐름의 세계에서 대립의 세계로 이행했음을 의미하며, 시간의 흐름에 따라 생성, 변화와 파괴를 거치는 무상함의 세계를 그녀가 알든 모르든 선택했음을 의미한다. 그녀의 긍정하는 마음과 기쁨의 에너지는 때가 되면 필연적으로 부정하는 마음으로 변화하고, 성공적인 창조의 환희는 이윽고 다른 감정, 예를 들면 고통으로 그 자리를 내줄 것이다. 램지 부인의 기분 나쁜 감정은 성공적인 창조의 환희의 순간에 이미 내재해 있는 것이다.

처음에 그녀는 왜 자기가 기분 나쁜 감정이 드는지 알 수 없었다. 뭔가 그녀의 심기를 불편하게 했고, 그녀가 그것을 마음에서 거부하고 부정한 것은 틀림없는데 그것이 무엇인지는 불분명하다. 모른다는 상태, 뭔가 불명확한 상태는 불안감을 안겨주기 마련이다. 램지 부인 역시 그 이유를 찾고자 하는데, 그녀가 답을 찾아 시선을 두는 곳은 자기의 내면이 아니라 외적인 요소들이다. 그녀는 자기의 머릿속을 분주히 뒤지면서 합리적인 이유들을 찾고자 하는데, 여기서 '합리적' 이란 그녀의 기준으로 볼 때 '납득 가능한' 답변들인 것이다. 더 정확히 표현하자면 그녀가 떠올리는 생각들은 자기반성이 아니라, 기분 나쁜 감정에 합리적인 이유를 붙임으로써 불안감에서 벗어나고자 하는 욕망의 소산물들이다.

> 소리를 내어 어부의 아내 이야기를 읽고 있었을 때 그런 느낌이 어디서 왔는가를 그녀가 정확하게 알고 있었다는 이야기는 아니다. 또한 그녀가 읽던 동작을 멈추고 멍청하고 불길하게 파도가 부딪치는 소리를 들었을 때, 책장을 넘기면서 어떻게 그것이 이것에서 온 것인가를 깨달았을 때 불만을 표현하고자 함도 아니었다. 즉 그녀는 단 일 초도 자신이 남편보다 낫다고 느끼고 싶지 않았다. 더욱이 그녀가 그에게 말을 건넸을 때 자신이 한 말의 진부여하에 대해서도 확신할 수 없는 사실을 견딜 수 없었다. 대학들, 그를 필요로 하는 사람들과 강의, 저서 그리고 그들이 가장 중요한 인물들이라는 사실 - 이 모든 것에 대해서 그녀는 한 순간도 의구심을 품어본 적이 없었다. 그러나 그녀를 불편하게 만든 것은 그들의 관계였고, 그가 공공연하게 이런 식으로 다가온 사실이었다. 그러면

> 사람들은 그들 둘 중에서 그가 훨씬 더 중요한 존재이고, 그가 세상에 기여한 것에 비한다면 그녀는 보잘 것 없는 존재라는 사실을 알아야만 하는데도 그가 그녀에게 의존한다고 말하기 때문이다.

램지 씨가 다가왔을 때 그녀는 제임스에게 악독한 아내의 이야기를 읽어주고 있었다. 그리고 그가 떠나고 그녀가 창조의 환희를 느낄 때도, 그 여운이 사라지는 순간에도 계속 그녀는 그 책을 읽고 있었다. 그림책을 언급함으로써 울프는 램지 부인의 불쾌감이 그 책의 내용에서 비롯된 것일 수도 있음을 암시한다. 램지 부인이 독선적이며 강압적인 어부의 아내에게서 자신의 모습을 보고 무의식적으로 자신과 어부의 아내를 동일시했으며, 그 결과 자기 부정에 빠졌을 가능성을 울프는 제시한다. 이런 부분에서 울프의 목소리는 램지 부인의 목소리와 미묘하게 중첩이 되기 때문에 램지 부인이 그런 착각을 했다는 것인지, 아니면 미처 램지 부인은 포착하지 못한 사실을 울프가 전지적 시점에서 지적하는지는 불분명하다. 하여튼 중요한 사실은 어부의 아내에서 비롯된 죄의식이 램지 부인의 의식에 일련의 자기 부정적 생각들이 연이어 떠오르게 만드는 전염력이 있다는 점이다. 그녀는 자기 마음속 깊은 곳에 자리 잡은 남편에 대한 우월감, 남편의 객관적인 평가에 대해 그녀가 남몰래 품고 있는 의심들, 사람들이 그들의 관계를 두고 하는 말들을 떠올리며 괴로워한다. 그녀의 생각들은 여기서 멈추지 않는다. 거의 강박증에 가깝게 그녀는 철두철미하게 모든 이유들을 찾아내고자 한다. 그리하여 그녀는 골똘히 생각하면서 온실 수리비를 남편에게 감춘 사실, 남편의 책의 수준에 대해 그녀가 잠시 품었던 의심들을 하나씩 의식 속에서 건져 올린다.

만일 이것들이 그녀의 기분 나쁜 감정의 진정한 이유들이었다면 그런 감정은 이유를 찾은 즉시 사라졌을 것이다. 그러나 연이은 생각들은 그녀를 점점 괴로움으로 몰아넣는다. 다음과 같은 묘사에서 우리는 그녀가 결국 자기기만적으로 '기분 나쁜 감정'의 원인을 회피했음을 알 수 있다.

> 책장에 그림자 하나가 비쳐서 그녀는 시선을 들었다. 그것은 발을 질질 끌면서 지나가고 있는 어거스터스 카마이클이었다. 그는 공교롭게도 정확하게 바로 이 순간, 인간관계의 불완전성을 상기하는 것이 괴로운 이 순간에 지나가고 있었던 것이다. 즉 가장 완벽한 관계도 결함이 있으며 다음과 같은 시험을 견뎌내지 못한다는 사실, 즉 그녀의 남편을 사랑하면서 사실을 사실로 파악할 수 있는 본능을 지니고 그녀는 사실 쪽으로 몸을 돌린 것이다. 또한 자신의 무가치성을 명확하게 느끼고 괴로워할 때, 그리고 이 거짓말들과 이 과장들에 의하여 그녀의 고유한 기능을 방해받고 있을 때 - 바로 이런 순간에, 그녀가 그렇게나 득의만만했던 직후에 비참하게 초조해하고 있을 때, 카마이클 씨가 그의 노란 슬리퍼를 신고 발을 질질 끌며 지나가고 있었던 것이다. 그리고 그녀는 내면의 어떤 악마의 농간으로 그가 지나갈 때 다음과 같이 외치지 않을 수 없었다.
>
> "카마이클씨, 들어가시는 건가요?"
>
> (강조는 필자의 것임.)

자기를 잊을 정도로 강렬했던 순간들은 환희에서 알 수 없는 불쾌감으로 이어지고, 그것은 결국 남편에 대한 의심, 자기부정과 일상에 대한 근심들, 비참함과 초조함으로 끝나게 된다. 결국 그녀는 '성공적인 창조의 환희'를 부정하게끔 만든 진짜 원인을 찾지 못한 것이다. 그 이유는 앞서 말했듯이 그녀는 자기의 불안을 잠시 잊게 해 줄 답변들을 욕망했기 때문이다.

감각적 순간의 강렬함은 자아의 소멸에 대한 두려움을 수반하며, 글쓰기이든, 춤이든, 운동이든 아니면 성적인 체험이든 간에 자아가 사라진 순간에 완성도나 쾌감이 절정에 이르는 것임은 익히 알려진 사실이다. 그렇다면 램지 씨와의 관계에서 부인도 그런 순간을 경험했을까? 창조의 환희가 성공적이면 성공적일 수록 에고도 그에 비례해서 사라졌을 터이니 분명 그런 순간이 잠시라도 존재했을 것이다. 다음의 인용문을 살펴보면 램지 씨와의 교감에서 램지 부인은 상당한 정도로 자기를 비웠음을 알 수 있다. 그녀의 환희는 이로부터 비롯된다. 그러나 다음에 나오는 '낭비', '소모'와 같은 단어에서 알 수 있듯이 램지 부인은 이것을 자기희생의 행위와 동일시한다. 즉 자아를 소멸시켜 자기와 타인에게 환희를 일으킬 능력은 소극적이고 부정적인 시각으로 조명되는 것이다.

> 에워싸고 보호하는 그녀의 능력을 뽐내느라고 막상 그녀에게는 자신을 인지할 수 있는 힘이 거의 남아 있지 않았다. 자신의 모든 것이 낭비되고 소모되었다.

『등대로』에서 감각적 순간의 희열, 눈앞에 펼쳐지는 존재의 새로운 차원을 향한 동경과 자기 소멸의 불안은 키츠의 시에서만큼 직접적으로 대비되지는 않는다. 램지 부인은 자아의 소멸과 창조의 환희, 그리고 불쾌감을 연속적으로 경험하기는 하지만 이것들의 상호연관성을 감지하거나 통찰하지는 못한다. 램지 부인은 종종, 그리고 릴리는 이따금 비범한 순간들을 경험하지만, 그 순간 이들은 동시에 발생하는 자아의 죽음을 감지하지는 못한다. 그들은 그저 불쾌감과 막연한 공포만을 느낄 뿐이다. 생의 환희와 죽음에 대한 공포, 환희와 불쾌의 감정은 상호무관하게 존재하며, 그 연관성을 모르기 때문에 램지 부인은 강박적으로 자기가 아내와 어머니, 여자로서의 역할을 잘하고 있는가를 점검한다. 외적인 모습에서 그 이유를 찾으려 하면 할수록 그녀는 자기의 부족함을 절감하며 이상적인 모습에 자신을 맞추려고 노력한다. 소설에서 부인은 다른 사람들에게 삶의 활력을 불어넣고 어색하고 암울한 분위기도 순식간에 변화시킬 수 있는 신비로운 능력의 소유자이다. 자기 내면에서 뭔가가 고갈되리라는 두려움 속에서도 그녀는 모범적인 안주인 노릇을 멈추지 않는다. 그녀는 감각을 일깨워 내면의 에너지를 활성화시키고, 그것을 밖으로 발산해서 존재와 존재들, 존재와 사물간의 경계를 허물고 하나로 융합되는 순간들을 만들어 낸다. 그녀는 감각적 순간의 희열을 알고, 그런 순간에 발산되는 에너지가 그녀 뿐 아니라 주변의 인물들까지도 변화시킬 수 있으며, 어떻게 그런 순간을 창조할지를 의식적으로든 혹은 무의식적으로든 알고 있다.

> 아무 것도 융합의 상태에 있지 않았다. 그들 모두는 각각이었다. 융합시키고, 흐르게 하고, 창조하는 노력 전체가 그녀에게 달려 있었다. 또다시 그녀는 남성 특유의 불모를 적의 없는 하나의 사실로 느꼈다. 그녀가 그 일을 하지 않으면 아무도 하지 않을 것이기 때문이었다. 그리하여 시계가 멎으면 약간 흔들어서 가게 하듯이 그녀는 자신의 몸을 약간 흔들어서 맥박이 하나, 둘, 셋, 하나 둘 셋, 이런 식으로 정상으로 뛰게 했다. 그런 식으로 그녀는 그것에 귀를 기울이면서 마치 우리가 신문지로 약한 불꽃을 지키듯이 아직도 약하기만 한 맥박을 키우고 보호하면서 되풀이해서 몸을 흔들었다.

이러한 램지 부인의 능력은 흔히 여성적 감수성, 비범한 포용력 혹은 모성성으로 간주된다. 항상 그런 것은 아니지만 이런 순간 후에 부인은 종종 상실감이라든가 소모감으로 인한 슬픔, 절망과 삶의 비애들을 경험한다. 자신을 마치 모든 것을 빨아들이는 스펀지와 같은 것으로 만들 수 있는 능력이 사실 램지 부인의 탁월함이지만, 부인 스스로가 그것을 부정적인 시각으로 보는 한 스펀지로서의 삶은 비참하다. 그녀는 자기의 인생은 온통 타인의 삶으로 가득 차 있고, 자기는 껍질로만 존재한다고 느끼며, 그것은 곧 이어 자기 소멸에 대한 불안함을 일깨우고, 결국은 자기 보존의 욕구를 자극한다. 자기는 아무 것도 아니라는 식의 자기 비하, 나는 스펀지나 다름없다는, 자기 상실에서 비롯되는 두려움을 보지 못하는 한 그녀의 삶은 비극적이다. 왜냐하면 겉으로는 사람들에게 끊임없이 베풀지만 곧 자기가 엄청난 희생을 했다는 생각이 들기 때문이다. 이러한 그녀 내면의 불안과 괴리로부터 사소한 불쾌감, 일상에 대한 짜증과 분노, 자기비하와 오만함이 생겨나서 그녀를 괴롭힌다.

> 그녀가 여자였으므로 자연히 이런 저런 일로 사람들이 온종일 찾아왔다. 어떤 이는 이것을 원했고, 또 어떤 이는 저것을 원하면서. 자식들은 무럭무럭 자라고 있었다. 그녀는 이따금 자신이 인간의 제반 감정으로 충만한 스펀지에 불과하다고 느꼈다.

자기를 비우는 능력이 탁월할수록 감각적 순간은 보다 쉽게 찾아오며, 그 속에서 자신과 타인에게 기쁨의 에너지를 전해주는 강도도 커진다. 소설에는 램지 부인이 갑작스레 기쁨의 광휘 속에서 아름다워진다거나, 그녀와 동행하거나 대화를 하던 사람까지도 기쁨에 휩싸이고 자부심이 넘치게 만들어주는 사례들이 종종 나온다. 램지 부인 뿐 아니라 그녀 주변의 사람들도 그녀의 그런 능력을 인정한다. 그러나 그녀의 베품이 타인의 칭찬을 바라거나 허영심에서 비롯되는 경우에 그녀의 '비움'은 조건부의 비움이다. 카마이클 씨처럼 그녀의 보살핌 따위는 안중에도 없거나 혹은 상대가 위압적으로 자기를 배려해 줄 것을 요구할 때 그녀의 자의식은 손상된다.

그녀는 자신이 너무 희생적이고 타인을 배려하느라고 자기의 삶을 낭비하고 있다고 느끼기도 하고, 그런 자기의 생각에 자책감을 느끼며 다시 지나치게 램지 씨를 받아주고 주변 사람들에게 베푼다. 그것은 또한 자기과시나 타인을 무시하는 태도를 낳게 되고, 자책감은 또 다시 과도하게 자기를 비하시키고 타인에게 복종적이거나 희생하는 태도를 취하게끔 한다. 이런 일들이 반복되면서 그녀는 타인이 보기에도 그렇고 자기 스스로가 봐도 모순에 가득 찬 사람이 되어버린다. 그녀는 남편과 아이들이 세상의 전부라고 생각하면서도 자선활동을 한다고 끊임없이 집 밖으로 나간다. 그녀는 아무것도 모르는 존재로 남고 싶으면서도 낙농업과 병원을 개선시키는 사회사업가가 되기를 원하고, 극히 희생적인 동시에 독선적이다. 타인을 배려하고 늘 남편보다 열등한 존재로 남겠다고 하면서도 상대가 동정을 요구해서 비로소 자신의 우월함을 확신할 때야 비로소 베품의 에너지를 작동시킨다.

> 지배하려고 하고, 간섭하려 들고, 사람들로 하여금 그녀가 원하는 대로 하게 하려 한다는 것이 그녀를 상대로 사람들이 퍼붓는 비난의 화살이었다. 그녀는 이것이 가장 부당한 것이라고 생각했다. 그녀인들 어찌 할 수 있단 말인가? 아무도 그녀가 인위적으로 노력을 경주해서 남에게 깊은 인상을 주려 한다고 비난할 수는 없다 그녀는 이따금 자신의 보잘 것 없음에 대하여 부끄럽게 생각했다. 그녀는 지배적이지도 않고, 폭군적이지도 않다. 병원, 하수도 그리고 낙농업에 관한 소문이 더 진실에 가까웠다. 이러한 것들에 대해 그녀는 깊은 애정을 지니고 있었고, 기회만 주어졌더라면 사람들의 목덜미를 잡아끌어서 이것들의 심각성을 일깨우고 싶어 했을 것이었다. 섬 전체에 병원이 단 하나도 없었다, ……
>
> 모범적인 낙농업 그리고 이곳에 병원을 짓는 일 - 이 두 가지가 그녀가 진실로 하고 싶었던 일이었다.

램지 부인의 자기보존의 욕망은 사회적으로 의미 있는 행동을 하고 싶은 열망이나 혹은 자신의 우월성을 암암리에 과시하고픈 욕망으로 나타난다. 그러나 욕망에 휩싸이는 순간 감각적 순간이 주는 융합의 기쁨은 불가능하다. 자아란 이기적인 자기보존의 욕망에서 나온 결과물이며, 감각적 체험은 욕망체로 살아가는 우리의 일상에서 잠시 자아를 놓는 순간에 가능하기 때문이다.『등대로』에서 감각적 순간은 대상과는 무관하게 램지 부인이 자발적으로 경험할 때도 있고, 이처럼 상대가 요구할 경우에, 혹은 보다 정확하게 말하면 램지 씨나 뱅크스 씨 혹은 탠슬리가 그녀의 배려와 보살핌을 원한다고 그녀가 느끼는 순간에야 가능한 경우도 나온다. 그러나 자아의 우월성을 보장받은 다음에야 '융합시키고 창조하는 노력'을 하면 그녀는 점차로 욕망의 차원으로 떨어지며, 그녀의 삶도 창조의 환희에서 점차 희생의 고통으로 나아갈 것이다. 감각적 체험의 본질을 명확하게 깨닫지 못하는 한 그녀의 체험과 의식은 계속 갈등을 일으킬 것이며, 그 괴리성은 그녀 자신과 주변 인물들, 더 나아가 인생 전체에 대해 이유 모를 불안감과 두려움을 느끼게 만들 것이기 때문이다.

인간인 이상 죽음에 대한 두려움이나 보존에의 욕망을 일시에 내려놓을 수는 없다. 그러나 적어도 무기력하고 타성적인 삶을 새롭게 보기 위해서는 에고를 버려야 한다. 램지 부인의 경우를 통해서도 알 수 있듯이 감각적 순간들에서 발생하는 에너지는 생산적이면서 동시에 파괴적이다. 이런 사실을 통찰할 수 있을 때야 비로소 인식 주체는 삶의 새로운 차원으로 이행한다. 『등대로』 전편에 걸쳐 인물들은 문득 짤막하게,

혹은 오랫동안 진지하게 삶과 죽음에 대한 상념에 몰두한다. 울프는 이 소설의 주제가 '삶과 죽음의 문제'라고 분명히 밝힌다. 그녀는 아마 감각적 순간들이 내포하는 죽음에의 가능성을 염두에 둔 것이 아니었을까? 그렇지 않다면 죽음에 관한 파편화된 상념들은 그 배경을 이루는 잔잔하고 평화로운 일상과 다소 어색하고 생경한 상태로 겉돈다는 인상이 든다. 울프는 죽음이 먼 미래에 도달하게 될 인생의 종착점이 아니라, 매순간 삶의 이면으로 존재하는 것임을 예리하게 포착한다. 삶이 절정에 이르는 순간 죽음 역시 강렬한 감각적 체험 속에 그 모습을 드러낸다.

2

죽음의 반대는 욕망

- 블랑쉬 드브와

- 『욕망이라는 이름의 전차』

유니스: 무슨 일이시죠? 길을 잃으셨나요?

블랑쉬: 사람들이 제게 욕망이라는 이름의 전차를 타고 가서, 묘지란 이름의 전차로 갈아 탄 다음, 여섯 블록을 가서 내리면 극락이라던데요.

아름다운 꿈의 몰락

이제는 몰락한 남부 지주의 딸인 블랑쉬는 오갈 데 없는 신세가 되어서 동생의 집을 찾아온다. 그녀는 '욕망', 그 다음에는 '묘지'라는 표지를 단 전차를 차례로 갈아타고서 동생이 살고 있는 엘리지안 필즈 (우리말로 번역하면 '극락' 정도가 된다. - 글쓴이 주) 라는 마을로 들어온다. 그녀가 타고 온 전차의 이름들은 극중에서 그녀가 걸어 왔고, 앞으로 걸어가게 될 인생의 행로를 상징적으로 예시한다. 작가의 의도가 상당히 반영된 이런 이름들이나 경로를 통해 우리는 극의 주제를 여주인공 한 명의 인생편력을 넘어서 보다 일반적인 것들로 확장시킬 수 있다. 이런 여로는 인간이라면 누구나 겪게 될 과정일 것이기 때문이다.

사람들은 저마다 삶의 어느 순간 욕망이라는 이름의 전차에 올라탄다. 일단 올라탄 이상 전차의 승객들은 궤도를 따라 질주할 수밖에 없다. 빠르고 느린 차이는 있겠지만 시간이 흐르면서 전차는, 혹은 우리의 인생은, 필연적으로 죽음이라는 종착역에 이르게 된다. 블랑쉬가 찾는 엘리지안 필즈란 고대 그리스인들이 그렸던 사후의 이상향이다. 각자의 내세관에 따라 이런 장소는 존재하지도, 혹은 하지 않을 수도 있지만, 사람들이 욕망이라는 열차를 올라타는 이유는 그 종착지가 모든 슬픔과 고통이 사라진 행복의 세계라고 기대하기 때문일 것이다. 작가인 테네시 윌리엄즈는 애초 이 드라마의 제목을 '포커 치는 밤'으로 정했다가, 우연히 뉴 올리언즈 시내를 달리는 '욕망'이라는 표지를 단 전차를 보고 제목을 바꾸었다고 한다.

윌리엄즈는 제목 뿐 아니라 작품에 등장하는 인물과 장소의 이름에도 상징적 요소들을 많이 집어넣었다. 여주인공인 블랑쉬 드브와는 '하얀 숲'을 뜻하는 프랑스어인데, 그녀는 동생 집에서 우연히 알게 된 남자인 미치에게 자기를 소개하면서 꽃이 만개한 봄날의 과수원으로 자기의 이름을 기억해 달라고 한다. 또 그녀가 살았던 대저택의 이름은 벨 리브인데, 이것 역시 프랑스어로 '아름다운 꿈' 이란 뜻이다. 춥지도 덥지도 않은 화창한 봄날, 화사하게 피어난 꽃들에 휘감겨 아름다운 꿈에 취해 있는 곳. 그 곳이 바로 블랑쉬 드브와가 태어나 유년 시절을 보냈던 곳이다. 인간이 사는 세상이니 죽음과 궁핍함과 등을 휘게 하는 노동과 병과 고통이 그 곳이라고 없지는 않았을 테지만 그런 것들이 블랑쉬의 눈에는 비치지 않았을 것이다. 이는 비단 블랑쉬 한 개인에만 국한된 이야기는 아니고 벨 리브라는 대저택에 거주했던 그녀의 선조들, 더 나아가 흑인 노예들이나 백인 빈민층들의 노동으로 농장을 경영하며,

문학을 얘기하고, 화려한 만찬장을 휘감는 아름다운 선율과 값진 예술품들로 저택의 곳곳을 장식했을 남부의 귀족들 전체에 해당된다. 그들은 자신들의 저택을 눈물의 계곡에서 뽑어내는 인간의 한숨과 탄식이 미치지 않는 이상향으로 가꾸고자 했다.

그러나 블랑쉬의 여정에서도 드러나듯이 진정한 이상향은 욕망의 궤도를 따라 성공적으로 여행을 마친 후에야 도달할 수 있는 곳이다. 욕망이라는 전차를 타고 있으면서 이미 자신들이 이상향에 도착했다고 착각한다면 그들은 필연적으로 탈선을 할 수 밖에 없다. 블랑쉬의 남자 조상들과 형제들은 오입질을 하느라 재산을 탕진했으며, 블랑쉬 역시 자기 안에 꿈틀대는 원초적인 욕망을 만족시키기 위해 조금씩 자기 자신을 이중적인 존재로 분리시킨다. 이들은 아름다운 이상향을 지향했지만 그것을 이루기 위해서는 육체적인 것과 마찬가지로 정신적인 노력도 필요한 것이었다.

작가는 언젠가 이렇게 말한 적이 있다. "나는 남부에 대한 사랑 때문에 글을 쓴다. 그러나 남부인들은 그들에 대한 나의 글이 사랑의 표현이라는 것을 깨닫지 못할 지도 모른다. 더 이상 존재하지 않는 남부에 대한 애도 때문에 나는 남부를 파괴한 힘들에 대해서 쓴다. 남부는 우아함과 고상함을 지닌 문화, 생득적인 문화로 북부에서처럼 돈에 토대를 둔 사회는 아니었다. 나는 그것에 대한 애도 때문에 쓴다." 그는 이미 사라진 남부의 이상과 문화를 향수어린 시선으로 반성한다. 이렇듯 이상화된 인물과 장소는 사실의 재현이기도 하지만 또한 작가의 소망과 아쉬움이 만들어낸 가상의 공간이다. 이 극은 블랑쉬라는 한 여인의 파멸에 대한 보고서이면서 동시에 그녀가 속한 사회와 문화의 몰락에 대한 서사시이기도 하다.

따라서 이 극을 전후 미국 문화와 사회에 대한 비평으로 보기도 한다. 작가가 이런 의도를 품고 있었음은 그가 선택한 지명이라든가 인물들의 이름을 통해서도 분명하게 드러난다. 블랑쉬 드브와라든가 벨 리브가 이상향과 그 안의 거주자를 상징하듯이 이제 그녀가 만나게 될 동생의 남편 스탠리 코왈스키는 약육강식이 지배하는 정글의 세계를 대변한다. 20세기의 정글은 맹수들이 포효하는 원시림이 아니라 뒤엉킨 자동차와 증기를 내뿜으며 질주하는 기관차의 소음으로 시끄럽고, 돈과 권력 혹은 명예를 향한 무한경쟁의 공간이다. 그러나 블랑쉬의 겁탈 장면에 삽입되는 맹수의 울부짖음이나 벽에 비친 무시무시한 그림자에서 예시되듯이 변한 것은 겉모습일 뿐 그 내용은 블랑쉬가 말하듯이 '원숭이들의 파티'와 조금도 달라진 것이 없다. 블랑쉬는 몰락해가는 남부 귀족문화를, 코왈스키는 전후 신흥공업사회를 대변한다.

작가는 이 두 인물을 다분히 의도적이며 도식적으로 대비시켜서, 이들이 대변하는 문화의 내용을 직설적으로 전달하고자 한다. 예를 들면 블랑쉬는 늘 흰색이나 파스텔 색조의 드레스를 입고, 나방과 같은 느낌을 주며, 문학과 상상을 즐기며, 전원 출신이고, 처녀좌 아래서 태어났다. 반면 스탠리는 원색의 실크 옷이나 데님 작업복을 입고, 정글의 야수나 화려한 깃털을 자랑하는 수탉을 연상시키고, 매사를 사실에 입각하여 실용적으로 처리하고자 하고, 공병대 하사로 제대한 후 공장에서 일하는 블루칼라 노동자이며, 포커게임과 볼링을 즐기며, 염소좌 (호색함을 상징하는 별자리 - 글쓴이 주) 밑에서 태어났다. 블랑쉬는 작렬하는 불빛에 두려움과 거부감을 느껴서 늘 전등에 종이갓을 씌우지만, 스탠리는 색색의 전구를 그대로 드러내기를 좋아한다. 블랑쉬에게는 우아하지만 뭔가 퇴폐적이며 퇴락한 기운이 감돌고, 스탠리는 천박하지만 힘이 넘치며 자신만만하다. 그는 전후 변화된 남부를 주도하며, 쇠락하는 남부의 전통적인 가치들을 파괴하는 세력을 대변한다. 그가 블랑쉬를 겁탈하는 장면은 바로 이런 상황을 극화한 것이다.

비록 작가가 불가항력적으로 파멸의 구덩이로 빠져드는 블랑쉬에게 연민의 시선을 보내고, 스탠리가 겁탈을 통해 블랑쉬를 회복 불가능하게 파멸시키는 장면에서 그의 잔인함이 더 이상 용서받을 수 없는 것이 되기는 하지만, 보는 입장에 따라 스탠리의 행동도 어느 정도는 정당화될 수 있다. 중요한 것은 여기서 양쪽을 선과 악의 흑백논리로 재단하기는 어렵다는 사실이다. 극에 등장하는 모든 인물들에는, 정도의 차이는 있을지언정, 선과 악이 골고루 섞여 있다. 작가는 북부에 대한 남부의 우월성을 일방적으로 옹호하지도 않고, 돈과 권력에 집착하는 북부적 가치의 승리를 역사적 필연으로 보지도 않는다. 흥미롭게도 극이 진행되면서 우리는 스탠리적인 것과 블랑쉬적인 것이 겉으로 보이는 만큼 그렇게 다른 것도 아니며, 그 근저에서는 동일한 힘이 자리하고 있음을 느끼게 된다. 예를 들자면 블랑쉬의 신경쇠약과 연약함은 그녀 내면의 스탠리적인 성향을 억누른 결과이고, 스탠리의 힘과 당당함은 블랑쉬적인 것에 대한 동경과 열등감을 방어하기 위한 수단이다. 내면의 공허함을 채우기 위해서 그녀는 거미줄을 치고 먹이를 유인하는 독거미 타란튤라처럼 어린 제자를 유혹하기도 하고, 비록 궁지에 몰려서이긴 하나 자신의 실체를 인정할 때 그녀는 오만하고 당당하다. 반면에 볼링 팀이나 작업장, 포커 게임에서는 무리를 이끄는 보스로, 자기의 아내 스텔라에게는 왕처럼 권위를 잡으며 남자의 힘을 뽐내는 스탠리이지만 한 번 무너지면 어린아이와 같은 무력한 모습을 보인다. 자기에게 얻어맞은 스텔라가 윗집으로 도망치자 그는 거리에서, 마치 겁에 질린 아이가 엄마를 찾듯이, 스텔라의 이름을 외쳐댄다.

겉보기에는 이처럼 다른 두 사람의 공통분모는 그들 모두 욕망에 지배되는 존재라는 사실이다. 요조숙녀가 되도록 교육받고 자란 블랑쉬가 내면의 정욕을 억제하는 것 외에 달리 그것을 다룰 방법을 알지 못했던 반면에 스탠리는 본능적으로나 경험을 통해서 정욕을 돈이나 여자, 혹은 지위를 차지하는데 필요한 추진력으로 전환시키는 방법을 배웠다는 점이 다를 뿐이다. 스탠리는 세상을 마치 쥐들의 질주와 같은 무한경쟁으로 보고 거기에서 승리하는 자만이 살아남을 수 있다고 믿는다. 그는 정글 속의 사냥에서 더 많은 목표물을 노획하는 길은 본능에 충실하고 동물적인 후각을 발휘하며, 일단 대상이 눈에 띄면 자기의 욕망과 혼연일체가 되어 그것을 향해 달려들어야 한다는 사실을 체득한 인물이다. 그러나 이런 삶의 태도는 인간을 쉽사리 동물로 전락시킬 위험을 내포한다. 블랑쉬가 오고 얼마 지나지 않아 남자들이 포커를 치던 밤, 스탠리는 말다툼 끝에 스텔라를 때린다. 블랑쉬는 임신한 동생에게 폭력을 휘두르는 스탠리를 짐승만도 못한 인간이라고 생각하지만, 남편이 자기를 찾으며 울부짖는 소리를 듣고 홀린 듯이 내려가서 그의 품에 안기는 동생을 보고는 경악을 금치 못한다. 다음 날 나른한 쾌감에 싸여 침대에 누워있는 동생에게 블랑쉬는 벨리브의 기억을 잃지 말라고 호소한다.

> 그 사람에겐 노골적인 - 짐승의 특징 같은 게 있어… 짐승처럼 행동하고, 짐승 같은 습성을 가졌어! 짐승처럼 먹고, 움직이고, 말하지! 사람의 단계에 도달하지 못한, 뭐랄까 - 인간 이하인 뭔가가 있어. 그렇지, 인류학을 할 때 그림에서 보았던 원숭이 같은 부분도 있단 말이야. 수 천 년의 세월이 그에겐 아무런 영향도 미치지 않고 지나간 거야, 그래서 석기시대의 생존자 - 스탠리 코왈스키가 있는 거지. 그 사람은 정글에서 사냥감을 잡아 날고기를 들고 집으로 오고! 넌, 넌 집에서 그가 오길 기다리는 거야! 그 사람은 널 때리거나 끙끙대며 키스를 하거나 하겠지! 그 당시 키스가 발견되었더라면 말야. 밤이 되면 다른 원숭이들이 모여들지, 동굴 앞에 말이야. 그 사람처럼 끙끙거리고, 벌떡벌떡 술을 마시고, 우적우적 먹으며 어슬렁대겠지! 네가 말하는 그 포커의 밤 말이야! 원숭이들의 파티! 누군 으르렁거리고 - 어떤 작자는 뭔가를 나꿔채고 - 그러다간 싸움이 붙고 말이야! 맙소사! 아마 우리가 신의 형상으로 만들어지려면 아직도 멀었어, 하지만 스텔라 - 내 동생아 - 그 때부터 어떤 진보가 있어 왔단다. 미술 - 시나 음악 같은 거 말이야. 그 이후부터 그런 광명들이 생겨난 거야. 어떤 사람들에게서 보다 애정이 깃든 감정이 조금씩 싹트기 시작했단다. 우리가 키우지 않으면 안 되는 거란다. 그리고 꼭

> 끌어안고는, 우리의 깃발로 삼고 지켜야 해. 우리가 접근하고자 하는 것이 무엇이든 그것을 향한 캄캄한 행진에서 … 짐승들 하고 함께 주춤거리지 말아!

스탠리가 뿜어내는 남성적인 힘과 매력에 매료당한 스텔라에게 블랑쉬의 말은 공허한 메아리에 지나지 않는다. 여기서 우리는 점점 동물적인 탐욕에 굴복해가는 당대인들에 대한 작가의 우려와 호소를 찾아볼 수 있다. 미술이나 음악이나 시처럼 욕망을 승화시키고, 감성을 계발하며, 이기적인 탐욕을 절제하고 타인을 위한 배려를 연습하는 것, 자기 밖의 대상을 쟁취하고 무엇인가를 일궈나가는 것 못지않게 그것들을 음미하면서 누릴 수 있는 자질을 키워가는 것 - 이런 것들을 작가는 인간의 고유한 능력이라고 본다. 그러나 불행히도 이런 말들은 블랑쉬의 머리에서만 힘을 발할 뿐, 막상 그 말을 하는 그녀 자신도 욕망에 따라 행동한다.

벨 리브 시절 그녀는 재능과 미모를 겸비한 사교계의 꽃이었다. 많은 신사 방문객들이 그녀를 찾아왔고, 그녀는 시와 낭만적 사랑을 동경했다. 그러나 그녀는 인간의 내면에는 그런 아름다운 능력 이외에 원초적이고 동물적인 욕망들이 자리하고 있으며, 그것들이 싹 틀 토양만 제공되면 무서운 속도로 뿌리를 뻗어가며 그녀를 옭아매리라는 사실에는 전혀 준비가 되어 있지 않았다. 그녀가 집안의 내력을 조금만 유심히 살펴보았더라도, 그리하여 왜 선조들이 땅과 집을 저당 잡혀가면서까지 방탕하고 육욕적인 생활에 탐닉했는가를 생각해보았더라면 인간 욕망의 힘과 크기를 짐작했을 것이다. 남부 문화가 지향했던 정신성과 우아함은 인간이 지향하는 목표이지, 그들의 현 상태가 아니며, 아직 그것에 도달하지 못한 인간은 원초적인 욕망과 정신적인 갈망이 복합적으로 어우러진 존재라는 사실을 그녀도, 그리고 그녀의 선조들도 인정할 수 없었던 데서 벨 리브의 비극이 시작된다.

꿈과 현실의 대면

열여섯 무렵에 블랑쉬는 시를 쓰는, 너무도 아름답게 생긴 한 소년을 만나 사랑에 빠진다. 그는 그녀의 이상에 딱 맞는 남자였으며 블랑쉬는 그가 밟았던 땅 조차도 우러러볼 정도로 그를 사랑한다. 두 사람은 사랑의 도피를 감행하고, 나중에 돌아와 결혼을 하게 된다. 그러나 결혼 후에 블랑쉬는 남편에게서 조금씩 이상한 점을 발견하게 된다. 그는 어딘가 불안해 보였고 블랑쉬는 그가 어떤 절박한 필요에서 자기와 결혼했음을 느끼지만 그것이 무엇인지는 알아내지 못한다. 그러던 어느 날, 그녀는 무심코 방문을 열었다가 남편이 그보다 나이 많은 남자와 있는 광경을 보게 된다. 남편은 동성애자였던 것이다. 순간적으로 그녀는 그 장면을 외면해 버리고, 세 사람 모두 아무런 일도 없는 척 그 사건을 묻어버린다. 이들은 술에 취해 깔깔대며 카지노로 차를 몰고 가서 폴카 음악에 맞춰 정신없이 춤을 춘다. 그러나 댄스플로어에서 춤을 추던 중에 블랑쉬는 참지 못하고 남편에게 "난 봤어! 안단 말이야! 메스꺼워!" 하고 쏘아붙인다. 소년은 그 길로 뛰쳐나가 머리에 권총을 쏴 자살하고 그녀는 남편의 처참한 죽음을 목격한다. 그 때 플로어를 흐르던 폴카 음악은 이후 블랑쉬가 어떤 공포를 느낄 때마다 그녀의 머리 속에 울려 퍼지며 그녀를 고통 속으로 몰아넣는다.

그녀는 남편이 보냈던 편지들을 소중한 보물로 간직하면서 그가 자기 때문에 죽었다고 생각한다. 남편에게 도움의 손길을 내밀지 못했던 것, 잔인한 말을 내뱉은 것은 남편의 주검과 함께 그녀의 마음에 심각한 외상으로 남는다. 치유되지 않은 마음의 상처는 집안의 몰락으로 인해 더 악화되면서 그녀를 공포로 몰아넣는다. 벨 리브를 떠도는 죽음의 그림자와 냄새. 아버지, 어머니와 친척들이 차례로 죽어가고, 집안의 방탕한 남자들이 대대로 조금씩 저당 잡혀온 집과 땅은 마침내 경매회사에 넘어가고, 침대 시트들은 피와 얼룩으로 더러워져도 빨아줄 사람마저 없다. 죽어가는 사람들은 그녀에게 죽음이 얼마나 더럽고 끔찍한 것인지를 똑똑히 보여준다. 임종을 앞 둔 사람의 목에 끓는 가래 소리, 처절하게 부여잡는 앙상한 손들, 부패하면서 부풀어 올라 관에 집어넣을 수도 없는 시신. 블랑쉬에게서 돈과 젊음은 점점 사라지고, 그에 비례해서 죽음의 공포도 커진다.

두려움에서 벗어나기 위한 방법으로 그녀는 술과 남자를 선택한다. 나중에 미치에게 고백하듯이 남자들과의 성적인 관계에 탐닉하는 순간 그녀는 잠시 두려움을 잊을 수 있었기 때문이다. “앨런이 죽은 후 낯선 사람들과의 관계만이 나의 빈 가슴을 채워 줄 수 있을 것처럼 여겨졌어요. 내가 이 사람 저 사람에게 옮겨 다니면서 어떤 보호를 받으려고 했던 것은 두려움, 바로 두려움 때문이었어요.” 그녀는 강박적으로 육체의 아름다움에 집착하고, 그럴수록 그녀의 아름다움은 살아있는 꽃이 아닌, 조화의 인공적이며 부자연스럽고 야하게 번들거리는 아름다움으로 변해 간다. 두려움을 직면할 용기가 없었던 그녀는 두 개의 통로를 따라 그것으로부터 도피한다. 한 통로는 환상이었고 또 다른 통로는 철저히 육체적인 쾌락이었다. 현실과 환상, 그리고 육체적인 쾌락을 오가면서 그녀는 점점 이중적이고 모순적인 존재가 되어간다. 환상 속에서 그녀는 영원히 시들지 않는 20대 중반의 처녀이며, 그녀와 변함없는 우정과 지적인 즐거움을 나누는 백만장자 석유재벌 쉡 헌틀리라는 인물이 있다. 현실의 중압감이 커질수록 그녀는 점점 더 환상 속으로 몰입한다. 자신을 현실과 유리시킬수록 그녀의 욕망은 거침없이 발산된다. 아직 벨 리브를 잃기 전, 그녀는 인근의 야영지의 젊은 병사들과 밤마다 어울린다. 그녀의 존재 때문에 벨 리브는 접근금지 구역으로 간주되고, 급기야 젊은 병사들은 어느 날 한 무더기의 꽃처럼 묶여서 어디론가 이송된다. 그녀는 어린 제자와도 불륜의 관계를 맺고 학교에서 쫓겨나고, 이후 로렐이라는 조그만 도시의 타란튤라 암즈 호텔에 머물면서 남자들을 끌어들인다. 그러나 온갖 사람들이 다 드나드는 삼류호텔인 이곳에서 마저도 블랑쉬의 행실은 문제가 되고, 드디어 시장의 지시에 따라 그녀는 그곳에서 추방된다.

오갈 데도 없고 무일푼이 된 그녀는 몇 년 전에 집을 떠나 결혼한 동생 스텔라를 찾아서 뉴 올리언즈에 오게 된다. 바스러질 듯한 모습, 마치 가든파티에라도 참석하듯이 부드러운 털이 앞에 달린 하얀 옷을 우아하게 입고, 진주 목걸이와 귀걸이를 하고, 흰색 장갑과 모자를 쓰고 있지만 그것들은 알고 보면 인조 모피와 가짜 보석들이다. 우아한 모습의 창녀, 그것이 블랑쉬의 실체이다. 그녀가 도착한 뉴 올리언즈의 거리에는 커피와 바나나의 달콤한 냄새가 감돌고, 갈색의 강물이 도시를 감싸며 따스하게 흐르고, 흥에 겨워 두드려 대는 피아노 소리, 야한 농담과 웃음들은 음악의 선율과 어우러져서 감각적이며 관능적인 느낌을 풍긴다. 벨 리브와 뉴 올리언즈가 인간의 욕망을 대하는 방식은 다르다. 전자가 지적이며 낭만적이며, 절제된 욕망을 지향했다면 후자는 욕망에 솔직하고, 그것을 거리낌 없이 분출한다. 승화된 욕망은 하얀 숲처럼 아름답고, 솔직하게 드러낸 욕망 또한 재즈의 선율처럼 역동적이다. 이곳에는 세련된 정장을 차려 입은 신사대신 푸른색 데님 작업복을 입은 스탠리와 그의 동료들이 오가고, 그들의 건장한 육체는 기름과 땀으로 범벅이 되어있다.

엘리지안 필즈와 그 곳에 서있는, 비바람에 풍화되어 잿빛이 된 백색목조 건물은 인간의 욕망들이 적나라하게 살아 숨 쉬는 곳이다. 이곳의 명칭은 흥미롭게도 블랑쉬가 살았던 벨 리브와 일맥상통하는 부분이 있다. 벨 리브가 일상의 삶을 벗어난 이상향을 상징했다면 스탠리와 스텔라가 거주하는 엘리지안 필즈, 즉 '극락'도 같은 뜻이다. 벨 리브가 현실의 고통이 침입하지 못하는 행복의 세계를 의미했듯이 엘리지안 필즈 또한 행복이 극에 달한 곳이다. 이 곳 사람들이 생각하는 행복한 삶이란 어떤 것일까? 벨 리브에서라면 구애자들이 블랑쉬에게 장미꽃 다발을 선사했을 것이다. 그러나 이곳 사람들은 좀 더 원초적이며 실용적이다. 스탠리는 퇴근길에 스텔라에게 포장지에 피가 붉게 배어난 고기 덩어리를 던지고, 그것을 받은 스텔라는 거리가 떠나갈 듯이 웃어댄다.

이곳에는 모든 것이 원색적이다. 이곳의 남자들은 모두가 야한 원색의 옷들을 입고, 신혼여행에서 돌아온 날 밤 스탠리는 아내의 슬리퍼로 집안의 전등을 모두 깨부숴서 아내를 즐겁게 해준다. 밤이면 이들은 색색의 전구를 켜고 괴성을 지르면서 즐거워한다. 이층에 사는 스티브와 유니스도 마찬가지이다. 이들은 본능에 충실하게 사랑하고, 또 증오한다. 스탠리는 임신한 스텔라를 때리기도 하고, 유니스는 남편이 바람을 피웠다고 주먹질을 하면서 그를 집에서 쫓아낸다. 그러나 얼마 되지 않아 이들은 언제 그랬냐는 듯이 다정하게 서로를 품에 안는다. 건물 2층에 살고 있는 유니스는 낯선 차림을 하고 두리번거리며 건물들을 살펴보는 블랑쉬에게 무슨 일이냐고 묻는다. 그 말에 블랑쉬는 대답한다. “사람들이 제게 욕망이라는 이름의 전차를 타고 가서, 묘지란 이름의 전차로 갈아탄 다음 여섯 블록을 가서 내리면 이상향이라고 일러 줬어요.” 유니스가 대답한다. “여기가 바로 그 곳이에요.”

몇 년 만에 동생을 만나서 반가움의 인사를 나누고 잠시 쉰 후에 그녀는 동생의 남편인 스탠리를 대면하게 된다. 처음 그를 대면한 순간 블랑쉬는 그의 눈초리에 본능적으로 움츠러든다.

> 스탠리가 부엌의 천으로 된 문을 열고 들어온다. 키는 보통으로, 약 5피트 8인치나 9인치쯤으로, 건장하며 단단한 체구를 가졌다. 그가 지니고 있는 동물적인 환희가 그의 몸짓이나 자세 하나하나에 은근히 배어있다. 막 성년이 될 때부터 그의 인생의 본류는 여성들과 쾌락을 주고받으며 즐기는 것이었다. 그것도 서로에게 의지함으로써 얻는 허약한 만족이 아니라 암탉들 사이에 있는, 깃털이 멋지게 난 수탉과 같은 힘과 긍지를 갖고서. 이처럼 완벽하고 확실한 본류로부터 사내들 사이에서 마음을 터놓고, 상스런 농지거리를 즐기며, 맛있는 술과 음식, 노름, 자기의 자동차와 라디오를 좋아하고, 야스런 생식 기능 보유자라고 하는 그의 상징을 나타내는 모든 것들이 그의 인생에 있어 지류로 뻗어나 있다. 그는 성적인 분류로 첫눈에 여자를 평가한다. 야한 영상이 마음속에 떠오르면 그들에 대한 웃음의 태도를 결정한다.

스탠리 코왈스키는 폴란드 이민자의 후손으로서 전쟁 후 건설과 산업의 상당 부분을 떠맡게 된 신흥 프롤레타리아 계급을 대변한다. 코왈스키는 '대장장이'를 뜻하는 네덜란드 어이다. 그는 육체적으로 강인할 뿐 아니라 여성을 힘으로 제압하기를 좋아하는 권위적인 남성이다. 스탠리와 블랑쉬의 만남은 정글에서의 동물적인 만남과 크게 다르지 않다. 적당한 거리를 취하면서 이들은 서로를 탐색한다. 이들의 팽팽한 신경전은 벨 레브가 남의 손에 넘어갔다는 말을 스텔라를 통해서 듣고, 스탠리가 블랑쉬에게 따지면서 본격적인 대결의 양상을 띤다. 스탠리는 혹시 블랑쉬가 스텔라의 몫을 빼돌리려는 것이 아닌가 알아내려고 하고, 블랑쉬는 어떻게 해서든 스탠리를 유혹해서 이곳에서의 자기의 입지를 확보하고자 한다. 그녀는 스텔라가 잠시 나간 틈을 타서 자기 옷의 뒷단추를 끼워달라든가, 스탠리가 피우던 담배를 한 모금 빨아도 되겠느냐고 은근히 그를 유혹한다. 여자들의 속성을 훤히 알고 있는 그는 손이 무뎌서 못 끼워주겠다고, 그리고 담배는 새 거 하나를 꺼내서 피우라고 비아냥거린다.

블랑쉬 역시 직감적으로 스탠리가 낭만적 사랑과는 거리가 멀고, 그때 그때의 필요에 따라 알맞은 여자를 선택하는 남자라는 걸 파악한다. "당신 같은 사람의 관심을 끌고 싶을 때 여자라면…" 하며 말을 얼버무리는 블랑쉬에게 스탠리는 천천히 대답한다. "까놓고 … 얘기하는 거지." 지금 스탠리가 블랑쉬에게 관심을 보이는 건 그녀가 매력적이어서가 아니라 그녀가 갖고 있는 벨 리브라는 재산 때문인 것이다. 스탠리가 블랑쉬에게 속지 않듯이 블랑쉬도 그가 어떤 종류의 사람인지를 직감으로 파악한다. 자기를 훑어보는 스탠리의 눈길, 벨리브에 대한 욕심을 노골적으로 드러내는 그를 보면서 블랑쉬는 말한다. "저 앤 나만큼 당신을 이해 못하고 있는 것 같군요." 블랑쉬는 이제는 휴지조각이나 다름없는 벨 리브에 관한 일체의 서류를 넘겨주고, 그는 심각하게 그것들을 훑어보면서 아는 변호사와 의논해 보겠다고 한다. 그 모습을 블랑쉬는 조롱하듯이 바라본다. 두 사람 모두 진짜와 가짜를 구분 못하기는 마찬가지이다. 그들은 욕망에 사로 잡혀서 지금 자신들이 어떤 상황에 있는지, 자기가 어떤 행동을 하고 있는지 알지 못한다. 블랑쉬가 스탠리에게 하는 행동들은 남부의 귀족 문화에서는 숙녀의 정중한 요구로 받아들여졌을 것이지만 지금 상황에선 노골적인 유혹으로 간주될 뿐이다. 스텔라는 스탠리가 추진력이 있기 때문에 동료들 중에서 유일하게 성공할 인물이라고 언니에게 자랑하지만, 돌진하는 대상을 식별할 안목이 없는 한 그의 추진력은 먹이를 향해 달려드는 동물의 그것과 다를 바 없다.

나는 마술을 원해요

스탠리의 입장에서 볼 때 블랑쉬는 자기가 애써 구축한 영역에 예기치 않게 들어온 침입자이다. 휴가를 내서 잠시 방문했다는 말과는 달리 블랑쉬는 떠날 생각도 하지 않고 자기의 영역을 간섭할 뿐 아니라, 가장 소중한 소유물인 스텔라까지도 빼앗아 가려고 한다. 블랑쉬는 이들 부부의 집을 자기의 취향에 맞도록 정리하고 가꿔나가고, 스텔라에게 자꾸만 벨 리브 시절의 기억들을 일깨운다. 스텔라를 가운데 두고 이들은 겉으로 드러나지는 않지만 암투를 벌이며, 이들의 대결은 점차 집안의 헤게모니 쟁탈전에서 계급 갈등의 양상으로까지 확대된다. 블랑쉬와 스텔라는 스탠리를 '폴랙' (폴란드 이민자를 낮춰 부르는 말 - 글쓴이 주.) 이라고 부르고, 서로의 입에서 드브와 가문이니 코왈스키 집안이니 하는 말들이

튀어 나온다. 한 때는 자기를 따라 떠들썩하게 놀기 좋아했던 스텔라의 입에서조차 스탠리가 천박하다느니, 돼지 같다느니 하는 말까지 나오게 되자 드디어 스탠리는 폭발한다. "내게 절대로 그런 식으로 말하지 말아! 돼지니, 폴란드 사내니, 정 떨어진다느니, 저속하다느니, 기름투성이라느니 하는 따위의 단어들이 요즈음 이곳에서 당신하고 당신 언니의 입에 너무 많이 오르내리고 있어. 당신들은 도대체 자신들을 뭘로 생각하고들 있는 거지? 한 쌍의 여왕으로 생각하고 있는 건가? <모든 남자는 왕이다.> 하는 휴이 롱의 말을 명심하라구!" 스탠리로서는 공들여 세운 자기의 성이 무너질 지경에 처한 것이다.

스탠리는 비밀리에 블랑쉬를 내쫓을 준비를 한다. 그는 로렐에서의 그녀의 행적을 조사해서 알아낸 사실을 갖고 은근히 블랑쉬를 협박한다. 궁지에 몰린 그녀는 자기의 이상형은 아니지만 사람 좋아 보이는 스탠리의 공장 동료인 미치에게 접근해서 결혼하려고 한다. 그러나 미치와 사귀면서도 그녀는 거짓말을 일삼고 가식적인 모습을 버리지 않는다. 그녀는 해가 지기 전에는 그를 만나는 법이 없으며, 춤을 추러 가서나 데이트를 할 때도 작별의 키스 이상을 허락하지 않는다. 때로는 미치의 방문을 기다리면서 낭만적인 사랑에 대한 미련을 버리지 못해서 신문 대금을 받으러 온 젊은 수금원을 유혹해 그와 키스를 하기도 한다. 그러나 그녀가 진심을 드러내는 순간도 있다. 그녀의 쌀쌀함 때문에 풀이 죽은 미치에게 그녀는 남편과의 슬픈 과거를 솔직히 고백하면서 남편의 죽음이 그녀에게 얼마나 큰 공포와 고통을 안겨주었는지 말한다. 그녀가 마음의 문을 열자 미치도 그녀에게 화답한다. "당신은 누군가가 필요해요. 나도 역시 그렇고. 그게 - 당신과 나 아닐까, 블랑쉬?" 그 말에 그녀는 고마움의 눈물을 짓는다.

그러나 미치와 결혼하려는 그녀의 시도는 실패한다. 친구가 속아 넘어가는 걸 방치할 수 없으며, 또 자기가 처형으로부터 받은 모욕을 그대로 넘길 수 없다고 생각한 스탠리는 그녀의 과거를 미치와 스텔라에게 폭로한다. 블랑쉬의 생일날 스탠리는 블랑쉬가 휴가를 다니러 온 것이 아니라 사실은 학교에서 쫓겨났으며, 삼류호텔에서 얼마나 타락한 생활을 했는지 스텔라에게 낱낱이 말해준다. 블랑쉬에게는 로렐행 편도 버스티켓을 선물이라고 주고, 미치에게도 사실을 다 말해 주었으니까 오늘 초대에 오지 않을 것이라고 말한다. 충격을 받은 스텔라는 산통을 느끼고 남편의 부축을 받아 병원으로 향한다. 블랑쉬가 스탠리의 영역에 침입을 했고, 그가 받은 모욕은 분명히 그녀를 몰아낼 이유가 될 수 있다. 그렇지만 스탠리가 미치에게 한 행동이 정말 친구를 위해서 한 행동인지, 아니면 자기의 행동을 정당화하기 위한 명분인지는 의문이 남는다. 블랑쉬가 설령 지금까지는 거짓과 방탕함으로 점철된 인생을 살았다고 해도 미래에 그렇게 살지 않을 가능성은 열려 있기 때문이다.

스탠리가 철저히 블랑쉬를 파괴시키려 드는 것은 물론 그의 분노 때문이지만 그 밑바닥에는 이처럼 자기의 소유와 자기의 영역이 사라지는 데 따른 공포가 도사리고 있다. 이는 블랑쉬의 성적 타락이 그녀의 욕정에서 나온 것이지만 그 욕정의 밑바닥에는 죽음에 대한 공포가 도사리고 있는 것과 마찬가지이다. 두려움은 욕망을 낳고, 욕망은 대립과 투쟁을 부른다. 돈도 없고 연약한 블랑쉬는 스탠리의 적수가 되지 않아 보인다. 그러나 그녀의 출신 성분과 말과 행동 하나하나는 스탠리에게 자기가 천한 존재라는 자의식을 일깨우고, 그를 분노와 모멸감에 사로 잡히게만 든다. 왜 그토록 잔인할 정도로 블랑쉬를 괴롭히느냐는 스텔라의 질문에 스탠리는 대답한다.

> 우리가 처음 만났을 때, 당신하고 나 말이야, 당신은 내가 상스럽다고 생각했었지. 바로 맞았어, 여보. 더럽게 상스런 놈이었지. 당신은 내게 원통형의 기둥이 있는 그 곳의 스냅 사진을 보여줬어. 내가 그 기둥들에서 당신을 끌어 내렸고, 당신은 그걸 아주 좋아했잖아. 색 전등을 켜놓는 것도 그렇구! 우리 둘이 있을 때 행복했었지. 저 여자가 이곳에 나타나기 전까지는 모든 게 나쁘지 않았잖아…. 건방지게 날보고 원숭이라구…

블랑쉬의 오만과 착각이 자기 파멸을 자초한다. 한 번도 스탠리와 같은 처지에 놓여보지 못했을 그녀는 자기가 아무렇지도 않게 내뱉는 말들, 돼지니 폴랙이니 하는 말들이 얼마나 스탠리의 열등감을 자극하는지, 그리고 스텔라를 자기편으로 끌어들이는 것이 그에게 얼마나 큰 위협이 되는지를 간과했다. 스탠리에게 벨 리브의 아름다운 처녀인 스텔라는 보이지 않는 계급간의 싸움에서 대단한 성취를 해냈음을 입증하는 징표이다. 그는 또 스텔라를 어머니처럼 의지하는 모습도 보인다. 포커 게임이 있던 날 밤, 스탠리는 스텔라에게 폭력을 가한다. 스텔라는 울면서 이층으로 도망가고 나중에 정신을 차린 스탠리는 전화기에 대고 스텔라를 부르면서 운다. 그래도 스텔라가 내려오지 않자 그는 거리로 나와 스텔라의 이름을 외치며 짐승처럼 울부짖는다. 그 울음에는 엄마가 떠나버렸을 때 어린아이가 느끼는 원초적인 두려움이 배어 있고, 그 소리에 스텔라는 넋 나간 듯이 일어나서 아래층으로 내려온다. 스탠리는 무릎을 꿇은 채 마치 아이가 엄마 품에 안기듯이 스텔라의 배에 얼굴을 파묻은 채 흐느낀다.

블랑쉬의 경우처럼 스탠리의 모든 욕망들도 결국은 두려움에서 시작된다. 폴란드 이민의 후손으로서, 사회의 밑바닥에서 인정받지 못하고 살아왔을 그는 자기의 신분에 대한 열등감이 있다. 스텔라는 가정 내에서나 가정 밖에서 그를 당당한 남자로 만들어 주는 존재이다. 그런 스텔라가 떠난다는 것은 그에게는 일종의 죽음과 같은 체험일 것이다. 하층 계급의 일원인 그에게서는 늘 이런 상실감이 떠나지 않을 것이며, 그로 인한 두려움은 반대로 그를 권위적이며 자기과시적인 인물로 만들었다고 추정할 수 있다. 그가 자기 아기의 탄생을 고대하는 것도 이런 맥락에서 이해할 수 있다. 아기는 아내와 더불어 그의 영역과 존재감을 더욱 확고히 만드는 요소이기 때문이다. 결국 인간이 어떠한 것을 욕망한다는 것은 그들을 두려움에서 지켜 줄 보호막을 얻기 위해서이다. 궁극적인 공포는 죽음에 대한 공포이다. 블랑쉬의 경우처럼 그것이 늙음으로 인해서 찾아오는 죽음이든, 아니면 스탠리의 경우처럼 일종의 사회적인 죽음이든 간에 결국 그것은 자기 소멸에 대한 두려움으로 요약될 수 있다.

극에 등장하는 모든 인물들은 어머니나 남편, 아내, 돈과 권력, 자존심, 사랑 등등을 간절히 원하며, 이런 것들을 향한 욕망은 상대적으로 그들 내면의 결핍감과 자기 소멸에 대한 두려움을 반증한다. 스텔라는 스탠리가 하루만 안 들어와도 견딜 수가 없으며, 며칠 출장을 갔다가 돌아오면 그의 무릎에 엎드려 운다. 블랑쉬는 그런 게 사랑일 거라고 말한다. 서른 살이 가까운 미치는 아직도 어머니의 품에서 벗어나지 못한 마마보이로서, 어머니가 죽기 전에 며느리 감을 보여드리는 게 목표이다. 그것 역시 어머니에 대한 사랑이라고 사람들은 말한다. 사람들이 찾는 보호막은 사람일 수도 있고 지위나 역할일 수도 있으며, 아니면 돈, 명예, 집안, 자식일 수도 있다. 블랑쉬의 경우 그것은 '남편'이라는 보호막이다.

스탠리와 스텔라가 병원에 간 사이 미치가 그녀를 찾아온다. 스탠리에게서 사실을 전해들은 그는 몇 달 동안 블랑쉬가 자기를 속이고 결혼하려고 한 것에 대해 분노하며 그 대가를 받으려고 한다. 그는 블랑쉬를 겁탈하려고 하다가 실패하지만 이런 그의 행동은 스탠리의 치밀함과 냉혹함에 비하면 다소 충동적이다. 그는 블랑쉬를 거짓말쟁이라고 비난하고, 블랑쉬는 마음속에서는 자기는 거짓말을 한 적이 없다고 주장한다. 이런 블랑쉬의 입장을 대변하는 것은 스텔라가 생일상을 차릴 동안 그녀가 목욕을 하면서 불렀던 노래이다. "판지로 된 바다 위를 항해하는 종이 달에 불과해도, 당신이 날 믿어 준다면 그건 거짓이 아니랍니다. 세상이 서커스처럼 가짜라도 당신이 날 믿어준다면 그건 거짓이 아니랍니다. 당신의 사랑이 없다면 그건 엉터리 행진! 당신의 사랑이 없다면 그것은 오락실에서 흘러나오는 음악일 뿐이죠." 그녀는 미치에게 자기가 마음속에서는 거짓말을 한 적이 없으니 자기와 결혼해 달라고 애원하지만 미치는 "당신은 깨끗하지 못한 여자라서 어머니와 함께 살도록 우리 집에 들여놓을 수가 없어."라고 일언지하에 거절한다.

삶과 환상

블랑쉬는 과연 미치를 사랑했을까? 설령 그랬다 하더라도 그것은 어디까지가 진실이었을까? 그녀는 미치를 사랑해서가 아니라 단지 삶에 지치고, 늙어가면서 육체적인 매력도 없어지면 더 이상 남편감도 구할 수 없기 때문에 안주할 곳을 찾아서 미치를 점찍은 것이다. 그리고 지금 결혼해 달라고 간청하는 이유도 그에 대한 사랑 때문은 아니다. 극에는 여러 종류의 사랑이 나온다. 첫 남편과 블랑쉬가 나눴던 낭만적인 사랑, 그것은 순수하다. 블랑쉬는 그녀의 첫 사랑이 완벽한 사랑인양 회상하지만 그것을 절대적인 사랑이라고 하기엔 무리가 있다. 만일 그것이 진정한 사랑이었다면 그녀는 남편의 무언의 고통과 도움을 청하는 손길에 그처럼 무지하지 않았을 것이고, 남편의 동성애 광경을 목격한 후 외면을 하지도, 또 상처를 입히는 말을 그렇게 충동적으로 내뱉지도 않았을 것이기 때문이다. 애정과 증오 사이를 불안정하게 오간다는 점에서 블랑쉬의 순수한 첫사랑은 스탠리와 스텔라, 그리고 좀 더 저속한 차원에서 그들의 판박이로 설정된 스티브와 유니스의 육욕적인 사랑과 별로 다를 바 없다. 육욕적인 사랑의 반대쪽에는 육체를 초월한 사랑인 플라토닉 러브도 있다. 셉 헌틀리가 그런 사랑의 파트너이기는 하지만 그것은 환상에 불과하다. 셉 헌틀리와의 사랑은 현실의 더러운 것들로부터 도피한 사랑은 아무리 순수하고 정신적일지라도 허상에 불과함을 상징적으로 보여준다.

미치와 스탠리는 블랑쉬를 더러운 여자로 몰아세운다. 그렇지만 어머니를 향한 미치의 사랑이나 스텔라를 향한 스탠리의 사랑이 어떤 면에서 블랑쉬의 사랑보다 진실하다고 자신할 수 있을까? 그 모든 사랑들 중에 어떤 것이 진실한 사랑이며, 어떤 것이 가짜일까? 그리고 미치를 향한 블랑쉬의 사랑이 이 모든 것들보다 거짓된 것이었을까? 사랑의 기준을 어디에 두느냐에 따라 블랑쉬의 사랑은 진실일 수도, 또 거짓일 수도 있다. 미치를 향한 사랑은 과거 그녀가 이 남자, 저 남자를 옮겨 다닐 때의 정욕보다는 책임감을 수반하는 진실한 것이었을 터이고, 자기의 더러운 것까지도 다 내보이는 사랑에 비하면 거짓된 사랑일 것이기 때문이다. 미치는 블랑쉬를 교활한 거짓말쟁이로 몰아세우며, '사실'을 말하라고 몰아댄다. 블랑쉬의 얼굴을 똑똑히 보겠다고 미치는 전등갓을 찢고 그녀의 얼굴에 빛을 비추고, 강렬한 빛 속에서 그녀의 얼굴은 고스란히 드러난다. 동시에 그녀는 모든 것을 체념한 채 과거의 행적과 그런 행동을 할 수 밖에 없었던 이유를 변명 삼아 말한다. "앨런이 죽은 후 낯선 사람들과의 관계만이 나의 빈 가슴을 채워 줄 수 있을 것처럼 여겨졌어요. 내가 이 사람 저 사람에게 옮겨 다니면서 어떤 보호를 받으려고 했던 것은 두려움, 바로 두려움 때문이었어요." 그리고 그 최종적인 피난처가 미치였다고 말하지만 그는 하나도 믿지 않는다. 아무도 자기를 용서해주기는커녕 이해조차 하려들지 않으려는 지금 그녀는 다시 죽음의 공포를 경험한다. 이 때 등장하는 검은 옷을 입은 눈 먼 멕시코 여인은 죽음의 사자와 같은 존재이고, 그 여인의 손에 들린 양철로 만든 장례식용 색색의 꽃들은 블랑쉬를 상징한다.

> 블랑쉬: 죽음 - 난 이쪽에 앉아 있었고 엄마는 저쪽에 앉아 계셨어요. 그리고 죽음은 당신만큼 가까이에… 우리는 죽음이란 말을 들어 본 적이 있다고 인정하기도 겁이 났어요.
>
> 멕시코 여인: 죽은 자를 위한 꽃을 사세요. 꽃 사세요, 꽃…
> (플로레스 파라 로스 무에르또스, 플로레스- 플로레스…)
>
> 블랑쉬: 죽음의 반대는 욕망이죠, 그런 생각 해보셨어요? 해보셨을 리가 없죠!

이런 말이 그녀의 변명에 지나지 않을 수도 있으며, 그녀가 창녀와 다름없는 삶을 살았다는 것도 사실이다. 그렇지만 극중에서 그녀를 비난할 만한 자격이 있는 사람이 과연 있을까? 그녀의 과거가 밝혀진 후 미치와 스탠리, 그리고 스텔라까지도 그녀의 타락한 삶을 명분 삼아 자신들의 잔인함과 비겁함을 정당화한다. 궁지에 몰린 그 순간만큼은 블랑쉬는 사실을 말하고 있는데 말이다. 블랑쉬가 자기를 속였다는 이유로 미치는 다른 남자들처럼 그녀를 창녀로 대한다. 스텔라를 홀로 병원에 남겨두고 스탠리가 집에 왔을 때 블랑쉬는 가짜 왕관에 번쩍거리는 낡아 빠진 슬리퍼, 지저분한 공단 이브닝 가운을 입고 백만장자와의 환상에 빠져 있다. 사라져가는 젊음에 집착한 결과 그녀는 야하게 번쩍이는 양철 꽃처럼 생명 없는 물체가 되었다. 그는 조롱 삼아 그녀의 말에 장단을 맞춰 주다가 그녀의 초라한 몰골을 손가락질하며 그녀의 환상을 산산조각 낸다. 마치 미치가 그녀의 실체를 보겠다고 전등갓을 찢었듯이. 곧 이어 스탠리는 가장 잔인한 방법으로 그녀를 정복하는데, 이는 블랑쉬를 향한 욕정이라기보다는 자기의 힘을 과시하기 위한 면이 더 커 보인다. 블랑쉬가 현실을 직시하지 못하고 환상으로 도피했다는 점에서 이는 어느 정도 예정된 수순이기도 하다. 그러나 정복자들 역시 살아남기 위해 자기기만과 환상으로 도피한다는 점에서 이 극의 결말은 암울하다.

극에는 명시되어 있지 않지만 블랑쉬는 스텔라에게 겁탈을 둘러싼 모든 사실을 밝히었을 터이고, 스텔라는 언니와 남편, 두 사람 중 한 쪽을 선택해야만 하는 상황에 놓인다. 마치 블랑쉬가 남편의 동성애 장면을 외면해 버렸듯이 스텔라는 차마 믿기 어려운 상황에 직면해서 눈을 감아 버린다. 블랑쉬가 살아남기 위해 스스로 눈을 감고 욕망으로 도피했듯이 스텔라도 언니와 똑같은 길을 간다. 그녀는 이웃집 여인 유니스에게 "언니 말을 믿는다면 스탠리하고 함께 계속해서 살 수 없을 것 같아요." 라고 말하고 유니스는 스텔라의 선택이 옳았다고 답한다. "그 얘기 믿지 말아요. 인생이란 계속 살아야 하는 거 아니우. 무슨 일이 일어나든 계속 살아가는 수밖에 없잖아." 정신병원에서 나온 의사, 간호사와 한바탕 소란 끝에 블랑쉬가 떠난 후 스텔라는 마음껏 목 놓아 울지만 그녀의 울음과 스탠리의 위로 속에는 동물적인 쾌락이 묘하게 녹아있다. 극은 스티브가 카드 패를 돌리는 장면으로 끝난다. "이번에는 세븐카드 스터드야." 그 누구도 블랑쉬에게 정말 어떤 일이 일어난 것인지, 그녀는 앞으로 어떻게 될 것인지, 자기들이 무슨 행동을 한 것인지 직시하려고 하지 않는다. 완전히 환상의 영역으로 들어가 버린 블랑쉬 뿐만 아니라 극중의 모든 인물들에게 환상은 그들을 살아가게 하는 힘이다.

살아가면서 인간은 이런 식으로 조금씩 환상과 욕망을 택해가고, 욕망은 인간을 눈멀게 한다. 벨 리브가 남의 손에 넘어갔다는 말을 듣고 흥분한 스탠리는 블랑쉬의 트렁크에서 모조 보석 왕관이나 인조모피를 꺼내들고 이런 것들을 장만하느라고 재산을 탕진했다고 분개한다. 스텔라는 그건 다 가짜라고, 어리석은 짓을 그만하라고 말하지만 스탠리는 전문가들에게 감정을 받아보겠다고 말한다. 매를 맞은 후 스탠리와 잠자리를 하고 난 아침, 스텔라의 얼굴에는 "동양의 우상들 얼굴에 나타나는, 마약에 취한 듯한 평온"이 깃들어 있다. 블랑쉬는 그런 스텔라의 사랑은 사랑이 아니라 욕망일 뿐이라고 말한다.

블랑쉬: 네가 말하고 있는 건 짐승 같은 욕망이야, 그냥 욕망 말이야! 쿼터 지역을 덜커덩거리며 달리는 낡아 빠진 전차의 이름, 오래되고 좁은 길을 올라왔다가 또 다른 길로 내려가는…

스텔라: 언니도 그 전차를 타지 않았어?

블랑쉬: 그걸 타고 여기로 왔어. 아무도 나를 원하지 않고, 있기에도 부끄러운 곳으로…

스텔라: 그럼 언니의 그 잘난 체 하는 태도가 어울리지 않는다는 생각은 안 들어?

이 극에 등장하는 인물들이나 극 전반에 짙게 배어있는 삶에 대한 고통스러운 인식들은 작가의 개인적인 삶으로부터 상당 부분 유래하였다. 윌리엄즈의 아버지는 세일즈맨이자 술고래였고, 어머니는 성공회 목사의 딸이었고 감수성이 예민했으나 히스테리 발작을 종종 일으켰다. 기질상 그는 어머니에게 이끌렸고 아버지를 증오하였으나 성인이 되어서는 아버지가 자기에게 강인한 생존 본능을 주었음을 인정했다. 일견 상반되는 이 힘들은 상호배타적이 아니라 조화를 이뤄야 할 필요성이 있음을 알게 된 것이다. 작가 자신도 내성적이며 몸도 약해서 학교에서는 혼자 지내는 경우가 많았고, 청년기에는 신경쇠약으로 고생했다. 그와 유일하게 마음을 나누었던 누이동생 로즈는 정신병으로 결국 전두엽 절제 수술을 받았다. 극에 등장하는 인물들은 모두가 작가의 실제 생활에서 탄생한 인물들이며, 그들 모두에게는 또한 작가 자신의 모습이 조금씩 녹아들어 있다. 여주인공 블랑쉬는 어머니와 누이를 합친 인물이며,

강인하지만 천박하고 난폭한 스탠리는 그의 아버지를 모델로 하였다. 블랑쉬의 남편 앨런처럼 작가 자신도 내성적인 성격으로서 사람들과 어울리지 못해 늘 고독했으며, 동성애자로서 사람들의 질시와 경멸을 한 몸에 받기도 했다. 그가 쓴 수많은 작품들은 현실에서 좌절된 그의 욕망들을 펼쳐 낸 결과물이었고, 그것들은 본질에 있어서는 블랑쉬가 끊임없이 만들어 가는 환상의 세계와 다르지 않았다.

그의 작품의 주인공들은 연약한 여자, 알코올 중독자, 신경쇠약증 환자, 동성애자와 같은 소외된 자들이 주류를 이룬다. 자기의 분신과도 같은 이들에게 작가는 이해와 연민의 시선을 보내줄 것을 바란다. 스텔라가 살기 위해 배신을 택했듯이 블랑쉬 역시 살아남기 위해 완벽한 환상으로 도피한다. 그녀는 정신병원의 의사를 벨 리브 시절 자기를 찾았던 신사 방문객으로 여기며 그의 팔에 기대어 우아하게 걸어 나가며 속삭인다. "당신이 누구든… 저는 늘 낯선 사람들의 호의에 의지해서 살아 왔어요."

극 전체를 통해서 작가가 하고 싶은 말은 바로 이 말이 아니었을까? 이 극은 블랑쉬에 대한 옹호는 결코 아니다. 그렇지만 작가는 블랑쉬를 단죄하기 전에 먼저 그녀의 상황과 고통을 헤아려 볼 것을 요구한다. 블랑쉬는 욕망의 유혹에 굴복하고 말지만 다른 사람들 역시 블랑쉬의 타락한 삶에 걸고 그들의 이기적인 욕망을 정당화한다. 미치와 스탠리는 환상이 아닌 실제, 거짓된 사랑이 아니라 진실한 사랑을 말할 것을 블랑쉬에게 요구한다. 그러면서도 막상 이들 중 그 누구도 삶의 리얼리티가 무엇인지, 진실한 사랑이 무엇인지 알지는 못한다. 그렇다면 우리의 삶 속에서 환상과 실제는 어떻게 구분할 수 있을까? 진실한 사랑은 과연 어떤 것이며, 어떻게 얻을 수 있는 것일까? 이 문제에 대한 답을 얻는 순간 욕망이라는 이름의 전차를 탄 승객들은 진정한 극락에 도착할 수 있을 것이다.

1947년에 발표된 이 작품은 그 해 퓰리처상을 그 해 수상했다. 윌리엄스는 평생 25편의 드라마, 5편의 영화 대본, 70편의 단막극과 수백편의 장편, 2편의 소설, 시와 회고록을 썼다. 윌리엄즈는 1983년 70세 생일을 앞두고 홀로 뉴욕의 엘리제 호텔에서 술에 취한 채 약병 뚜껑이 목에 걸려 질식사했다.

3

인습을 타파한 여성들, 워렌 부인과 그의 딸 비비

-『워렌 부인의 직업』

워렌 부인: 내가 부도덕하다고? 내 몸과 재주를 갖고 장사를 한다고?
그렇지만 여자 치고 그런 속셈이 없는 사람이 얼마나 될까?

여성은 이중으로 예속된 존재이다.

조지 버나드 쇼는 1856년부터 1950년까지 생존했던 영국의 극작가이다. 그의 풍자와 독설은 유명해서, 설령 그의 작품에 대해서는 잘 모르더라도 "우리가 결혼하면 나의 미모와 당신의 머리를 합친 아이가 태어날 것"이라는 한 여배우의 말에 "그렇지 않소. 아마 나처럼 못생기고 당신처럼 어리석은 아이가 태어날 것이오."라는 대답을 했다던 일화라든가, "우물쭈물하다가 내 이렇게 될 줄 알았지."라는 그의 묘비명 정도는 들어본 적이 있을 것이다. 타인과 사회는 물론 자기의 삶마저도 이처럼 비판적인 거리를 두고 바라보는 그의 면모 때문인지는 몰라도 그는 평생을 독신으로 살면서, 모든 에너지를 창작 활동과 사회개혁에 쏟은 결과 58편의 희곡과 5편의 소설 외에 독창적인 사상을 담은 많은 글들을 남겼다.

그가 태어났던 19세기 중반은 인류 역사상 정신적인 면에서나 물질적인 면에서 가히 혁명적인 변화를 거치던 시대였다. 이 시기에 인간은 그들이 자부했던 만큼 정신적인 존재도 아니며, 신보다는 동물에 훨씬 가까울 수 있음을 주장하는 이론들이 동시다발적으로 터져 나왔다. 찰스 다윈은 『종의 기원』(1859)에서 인간이 신의 형상을 본 따서 만들어진 성스런 존재가 아니라 원숭이로부터 진화된 결과물이라는 주장을 개진했고, 이어서 칼 마르크스는 『자본론』(1867)에서 "물질이 정신을 규정한다."고 단언함으로써 인간이 얼마나 물질에 예속된 존재인지를 역설하였다. 이런 이론들은 인간 심성의 동물적인 측면을 조명하는 것으로서, 몇 십 년 후 지그문트 프로이트의 『꿈의 해석』(1899)을 통해 정신에 관한 과학적 연구로 정립되기에 이른다. 그는 자신의 연구를 통해 인간의 의식이란 무의식이라는 알 수 없는 영역에 의해 좌우되며, 정상과 비정상이란 질적인 차이가 아닌 양적인 차이에 불과함을 예시했다. 이러한 이론들의 공통분모는 결국 인간은 동물적인 존재로서, 이성보다는 본능에 의해 지배되며, 인간이 끊임없이 자신의 욕망을 통제하는 노력을 하지 않는 한 세상은 약육강식의 논리가 지배하는 곳으로 전락할 위험이 항시 존재한다는 자각이다.

당시 영국 사회는 이런 이론들이 성숙하고 입증될 토양이 되기에 충분했다. 영국은 다른 나라보다 일찍 산업화에 뛰어들었던 결과 세계 시장의 대부분을 선점하며 경제적 풍요를 이룩했다. 1897년에 빅토리아 여왕의 즉위 60주년을 기념하는 다이아몬드 축제가 열렸는데, 미국의 유명한 작가인 마크 트웨인은 당시 런던을 방문해서 "영국의 역사는 2천년에 달하지만 여러 가지 점에서 볼 때 세상은 여왕 탄생 이후에 그 이전의 모든 세월들을 모조리 합친 기간 동안에 발전한 것보다도 더 큰 발전을 이룩했다."고 그의 감상을 말했다. 그러나 이런 엄청난 풍요와 진보는 엄청난 고통을 필요로 하는 것이기도 했다. 급속한 산업화는 농토를 잃고 떠도는 유민들을 양산했고, 도시로 흘러들어온 떠돌이들은 극빈층으로 전락했다. 보다 많은 이익을 남기기 위해 지주들은 앞다퉈 농토를 목장으로 전환했고, 공장주와 자본가들은 인건비 절감을 위해 생산 공정의 기계화에 박차를 가했다. 과거 건장하고 숙련된 남성 노동자들이 담당했던 일을 비숙련 노동자가 해낼 수 있게 되자 인건비가 싼 여성과 아이들이 대거 생산현장에 투입되었다. 가진 사람은 더 많이 갖기 위해, 그리고 가난한 사람들은 좀 더 쉽게 살아남기 위해 돈의 유혹에 굴복하고, 돈의 노예가 되어갔다.

돈의 노예가 되어간다는 것은 곧 인간의 타락을 의미했다. 알렉시스 토크빌도 비슷한 시기에 맨체스터를 둘러 본 후 "인간이 가장 애써 이룩한 이 문명이 그 기적을 이루는 바로 이곳에서 인간은 야만인으로 되어버려다"고 개탄했다.[4] 탄차에 사슬로 묶인 채 갱도를 기어 다니며 석탄을 날랐던 아이들이나 그들을 사슬로 묶는 고용주나 인간의 얼굴을 한 야만이기는 마찬가지였다. 일터의 어린 아이들은 조사에 따르면 1/3 가량이 열 살도 되기 전에 죽었다. 반면 신흥부자들은 화려한 금박 장정이 된 책들로 서재를 채웠으며, 지폐를 말아서 궐련을 피우는 식으로 부를 과시하기도 했다. 빅토리아 시대의 대표적인 문화비평가 매튜 아놀드는

---

4 이상 영국의 경제, 사회, 문화적 배경은 *Norton Anthology , English Literature*(NY: W. W. Norton, 2005), Vol. 2, 979-990 쪽을 참조하였음.

영국 중산층의 실리주의를 속물근성의 무교양주의라고 비판하였고, '위선'이라든가 '인습' 역시 이 시대 지식인들이 빈번히 입에 올리던 단어였다. 자본가들은 노동자들로부터 착취한 임금의 일정 부분을 자선단체와 교육기관에 기부함으로써 명망가로 행세했고, 아내와 딸에게 근엄한 가부장으로 순결의 미덕을 강조하는 남편과 아버지들은 우후죽순처럼 생겨나는 성매매업소들의 단골 고객이었다. 효성, 우애, 성실함, 순결, 근면, 정직, 신뢰 등의 도덕적 덕목들은 유행처럼 당시의 극무대나 문학작품 전체에 울려 퍼졌지만 이런 덕목들이 실제로 행해지고 있다고 믿는 사람은 드물었다.

이런 비인간적인 경제 체제와 속물들이 판치는 세상에서 쇼는 여성의 문제에 특히 주목했다. 그는 "자본주의 체제하에서 여성은 남성보다 훨씬 열악한 위치에 놓이게 된다. 자본주의는 남성을 노예로 만들었고, 여성은 남성을 통해 돈을 받으므로 남성의 노예이다. 여성은 노예의 노예, 즉 최악의 노예가 된다."고 주장했다. 그가 보기에 경제적 자립을 하지 못한 채 남자의 돈에 의지해 살 수 밖에 없는 여성들은 인습적 사고와 자본주의 경제 구조 하에서 이중으로 착취 받는 존재였고, 여성의 진정한 해방은 가부장적 이데올로기라든가 인습을 타파하고 경제적인 독립을 이룰 때 가능하다고 보았다. 젊은 시절에 쇼가 사회주의 사상에 경도되었고, 사회주의자들의 단체인 페비안 협회에 가입한 것은 이런 신념의 결과였다. 그러나 인생의 중반을 넘어서면서 그는 제도적 개혁 못지않게 내면의 혁명의 필요성을 절감했고, 인류를 구원할 보다 근원적인 힘을 추구하였다. 그의 후기 사상은 여성을 통해 면면히 이어지는 인간 본연의 생명력이라든가 인습적인 선악을 넘어서는 초인의 존재로 압축된다. 그러나 후에 그가 주장한 이론들은 그의 초기의 사상과의 단절이라기보다는 보다 심오한 형태로 발전된 것으로 볼 수 있으며, 초기 극들에서도 그 씨앗을 찾아볼 수 있다. 그 한 예가 『워렌 부인의 직업』(1883-1884)이다.

비단 이 작품 뿐 아니라 그는 평생 드라마를 통해 사회의 인습과 제도 등을 비판적으로 성찰하면서, 그로부터 얻어진 결과물을 사회 개혁의 동인으로 삼고자 했다. 그는 극의 궁극적인 목적은 문제의 해결이 아니라 문제의 제기라고 생각했으며, 바로 이런 일을 해내는 극을 뛰어난 극이라고 보았다. 그의 눈에 입센은 셰익스피어보다 뛰어난 작가였다. 그는 "『한여름 밤의 꿈』이 갓 칠한 페인트처럼 상쾌할 때, 『인형의 집』은 도랑에 고인 물처럼 밋밋할 것이다. 그러나 후자가 세상에 더 유용할 것이며, 최고의 천재는 그것으로 충분하다."[5]고 말한다. 그는 1890년 영국에서 상연된 입센의 『인형의 집』을 보고 큰 충격과 감동을 받았고, 진부한 멜로드라마가 판치는 영국 극장가에 자신도 그와 같이 인습을 타파하는 새로운 인간상, 여인상을 등장시키기로 결심한다. 비록 이 작품은 영국 극장가로부터는 혹평을 받았으나 그는 입센풍의 극이야말로 인위적인 구성, 진부한 소재와 인물들, 권선징악의 틀로부터 벗어나 영국 극에 새로운 기운을 불러 넣을 작품들로 생각했다.

---

5 조지 버나드 쇼. 『워렌 부인의 직업』. 정경숙 옮김. (서울: 동인, 2000). 이하 인용문은 이 책에 따름.

여성의 직업—매춘과 결혼

『워렌 부인의 직업』은 쇼가 밝히고 있듯이 '여성을 위해 쓴 극'이다. 그는 여기서 '여자답지 않은 여자'를 재현함으로써 여성 뿐 아니라 남녀 모두에게 새로운 인간상을 보이고자 했다. 앞서도 말했듯이 그는 남자의 경제력에 의존해서 살아갈 수밖에 없는 대부분의 여자를 이중의 억압을 받는 존재로 보았다. 그런 굴레에서 해방되는 길은 여자 스스로 인습적인 사고를 버리고 경제적인 독립을 이룩하는 것이다. 남자로부터의 정신적이며 경제적인 독립이라는 두 가지 조건이 모두 충족될 때에 비로소 완전한 해방이 이뤄지는 것이지, 어느 한 쪽만 가지고는 불충분하다. 이제는 여성 해방의 대명사가 되어버린 노라의 삶을 두고 그는 이렇게 말한다.

> 노라가 인형의 집을 벗어나 살아갈 수 있을 정도로 강할 때 현관문이 열려있다면 그녀는 자진하여 그 집을 뛰쳐나갈 것이다. 그러나 그러한 순간이 오기 전에 당신이 그녀의 목덜미를 잡고 몰아낸다면 그녀는 그녀를 받아 주겠다고 제안하는 그 다음 유형의 시설에서 피난처를 정할 것이다. 따라서 여성은 두 종류의 적과 맞서야 한다. 하나는 현관문을 잠그고 열어주지 않는 적이며, 다른 하나는 미처 준비도 안됐는데 그녀를 거리로 내몰려고 하는 새로운 적이다.[6]

6 G. B. Shaw. *The Quintessence of Ibsenism.* (NY: Hill & Wang, 1957), p. 79.

입센이 중산층 여자에게 초점을 맞춘 반면 쇼는 빈민의 삶에서 출발한다. 남편의 울타리 안에서 인형처럼 존재했을 지라도 노라는 굶주림과 질병, 폭력의 세찬 바람을 온 몸으로 맞아본 적은 없다. 자유로운 인간으로 살기 위해 그녀가 부숴야할 장벽은 일차적으로는 아내와 어머니로서 그녀에게 부과된 인습의 족쇄이다. 대상을 달리 해서 쇼는『워렌 부인의 직업』에서 자신의 몸을 팔아야 할 지경에 선 빈민층 여자의 삶을 다룬다. 워렌 부인은 사회의 인습과 가난의 공포 둘 다에 맞서야 했다. 창녀가 된 여자들의 입장에 대해서 사람들은 반문할 것이다. "그들의 선택은 불가항력적인 것이 아니라 좀 더 쉽게 돈을 벌기 위한 방편이 아니었을까?" "사회가 어느 정도 책임은 있을 수 있겠지. 그러나 가난하고 굶주렸다고 해서 누구나 몸을 팔지는 않는다. 최종 선택은 자신의 것이고, 가난은 그의 선택에 대한 변명에 지나지 않는다." 라고. 창녀를 주인공으로 다룬 극은 쇼가 처음은 아니었다. 더러운 욕정에 굴복한 여성의 타락과 때로는 죽음을 수반하는 눈물어린 참회는 당대인들의 취향에 딱 맞는 소재였으며, 권선징악의 메시지와 센티멘털리즘을 적당히 섞은 이런 부류의 극은 극장가에 인기였다. 이런 결말은 창녀와 매춘을 개인의 도덕적 타락에서 비롯된 것으로 보는 당대인들의 시각을 반영한 것이며, 그 결과 매매춘을 양산하는 사회의 모순이라든가 병폐 등은 고려 밖의 문제가 된다.

그러나 쇼는 눈물로 참회하기는커녕 자신의 직업관을 당당하게 피력하는 새로운 여성상을 소개한다. 창녀의 삶을 살아온 워렌 부인은 세인들의 따가운 시선이나 인습 따위는 아랑곳 하지 않는다. 그녀는 빈곤층의 삶은 어떠한 것이며, 자기가 왜 그런 직업을 택할 수밖에 없었는지, 세인들이 창녀를 보는 시선에 대한 자기의 생각은 어떠한지 등등을 피력한다. 어머니의 입장에 대해 반대 심문을 하는 건 그녀의 딸 비비이다. 건전한 상식과 교양을 갖춘 젊은 여성으로서 비비는 영국 사회의 진보적인 관점을 대변한다. 워렌 부인과 비비 뿐만 아니라 이 작품의 등장인물들 하나하나는 특정한 가치관이나 사회적이며 정치적인 입장을 대변한다. 개인의 도덕성과 사회악 등등은 등장인물들의 열띤 토론을 통해 구체적으로 점검된다. 그는 극의 전통적인 구조라고 할 '갈등의 제시와 해결'을 지양하고, 문제의 제기, 상황, 토론으로 이어지는 그만의 독특한 극 형식인 '사상극'을 창안했는데, 이를 통해 대중을 교화시키고 사회의 구조적 모순에서 비롯되는 사회악을 쟁점으로 부각시킨다. 쇼는 극의 서문에서 매춘을 여자의 문란한 성도덕 탓으로 돌리는 영국 사회의 위선을 꼬집고, 그들이 살아남기 위해 매춘을 할 수 밖에 없는 당시의 상황을 설명한다. 그가 보기에 매춘이란 성적으로 문란한 남녀가 범하는 잘못이 아니라 사회가 조직적으로 생산하고 은폐시키는 사회악이다.

> 나는 여자의 부도덕함이나 남자의 성적 방종 때문이 아니라 여자들의 임금을 착취하고, 그들을 무가치하게 대하며 혹사시켜서, 결국 이들 가난한 여자들은 먹고 살 돈을 벌기 위해 매춘을 할 수 밖에 없다는 진실을 보여주기 위해서 이 극을 썼다. 매춘은 자본주의 질서와 인간의 이기적인 탐욕에서 비롯된 것으로서, 부도덕한 것이며, 사회가 이들 극빈층 여성들에게 제시하는 대안 또한 부도덕하기는 마찬가지다. 이들

은 두 종류의 부도덕한 삶에서 선택을 강요받는다. 사회가 방치하는 굶주림, 혹사, 불결, 질병들 또한 매춘만큼이나 반사회적이며, 국가적인 차원에서 행해지는 악이며 범죄라는 사실을 봐내지 못하는 사람은 지독한 이기주의자이다.

객관적인 자료에 따르면 1850년 대 런던에서 영업하던 창녀의 숫자는 당시 경찰 집계로 8천명에 달했으며, 그보다 수년 전 리즈 시에는 여인숙이 451개, 유곽이 98개였다고 한다. 이에 비해 교회는 국교도의 것이 2개, 비국교도의 것이 39개에 불과했다고 한다. 1840년 경 런던의 인구는 200만 이었으니, 비공식적인 숫자까지 합하면 매춘이 얼마나 성행했는지는 충분히 짐작할 수 있다. 매춘은 그 어떤 사업보다 이윤이 많이 남는 장사였고, 법의 권위를 등에 업은 귀족이나 재력가들이 이 사업에 눈독을 들였으므로 매춘업은 확산되지 않을 수 없었다. 교회, 학교와 가정에서 순결과 신의를 외치며 성적 타락이 가져올 끔찍한 결말을 아무리 외쳐댄들, 매춘은 결코 제거될 수 없는 사회의 환부였다.

극은 부인의 딸 비비가 대학을 졸업한 직후 한적한 시골 마을에 내려와 본격적인 사업 구상을 하고 있는 장면으로 시작된다. 그녀는 캠브리지 수학 경시대회에서 3등을 차지한 재원이며, 매력적이고 씩씩한 22세의 여성이다. 어린 시절부터 어머니와 떨어져 기숙학교나 다른 사람의 집에서 살았던 비비는 어머니가 어떤 일을 하는 사람인지, 그리고 자기는 왜 가족들이 없는지 알지 못한다. 그러나 그녀는 그런 일에 크게 신경을 쓰거나 얽매이지 않으려고 하는데 왜냐하면 그녀는 '신여성'으로 살기를 원하기 때문이다. 그녀가 가장 싫어하는 말 중의 하나는 '인습'으로서, 그녀는 인습적인 여성상을 거부한다. 상냥하고, 교양이 있으며, 관대하고 아름다운 여성이란 그녀의 언어로써 다시 풀어보자면 자기의 의사 표현이 분명하지 못하고, 의존적이며, 허영이 가득 차고, 육체적으로나 정신적으로 나약한 여성이다. 많은 사람들이 지적하듯이 비비는 실제 여성이라기보다는 쇼의 여성 해방 사상을 대변할, '여성의 모습을 한 남자'처럼 그려진다. 그녀가 택하는 직업, 하는 행동들은 전통적으로 남자의 영역에 속했던 것들이다. 그러나 이런 점들은 인물형상화의 결함이라기보다는 쇼가 사상극이라는 원래의 목적에 충실하고자 한 결과로 보인다. 그녀는 전문직 여성이 되기에 필요한 지식과 기술을 습득했고, 남녀의 인습적인 경계를 벗어난 여성답게 변호사나 주식거래처럼 전통적으로 남성의 영역으로 간주되어 온 사업에 흥미를 느낀다. 남자가 옆에서 도와주겠다고 해도 들은 척도 안하고 의자도 번쩍 들어서 옮기기도 하고, 음악회나 미술 전람회는 딱 질색이며, 일에 몰두하다가 쉬는 시간에 담배를 즐기고 탐정소설을 탐독하는 게 유일한 즐거움이다. 그녀는 겉보기에는 신여성이 되기에 필요한 조건을 모두 구비했지만 이런 것은 아직 그녀의 내면으로 흡수되지 못한 껍데기에 불과하다. 그러나 그녀는 극이 진행되면서 내면까지 진정한 신여성으로 거듭나게 된다.

그녀의 어머니 워렌 부인은 브뤼셀과 비엔나 등지에서 고급 유곽을 경영하면서 큰돈을 번 여성이다. 그녀는 매춘을 통해서 가난에서 벗어나고 딸을 훌륭히 교육시켰다는데 대단한 자부심을 느끼고, 소위 '줏대'가 없는 여자를 가장 혐오한다. 남이 뭐라던 간에 자기 길을 갈 수 있는 고집이 없었다면 그녀 역시 빈민층 여성들에게 강요되는 인습적인 삶에서 벗어날 수 없었을 것이다. 이렇듯 사회의 위선과 고리타분한 인습에 얽매이지 않는다고 자처하는 그녀이지만 정작 자기 딸은 전형적인 중산층 여성으로서 살기를 바란다. 그는 딸이 좋은 남자를 만나 결혼하고, 그녀에게 의탁해서 말년을 보내기로 마음먹고 있다. 그러나 그녀의 오랜 동업자이자 후견인인 크로프츠 경이 비비를 보고 한 눈에 반해서 노골적으로 그녀와 결혼할 의사를 밝히고, 거기에 나중에 그녀의 이복동생으로 밝혀지는 프랭크마저 비비와 결혼하겠다고 나서면서 어머니와 딸은 정면으로 충돌한다.

크로프츠 경이 비비를 보는 시선에 불안함을 느끼면서도 워렌 부인은 비비에게 그가 자기의 친구니까 잘 대해 줄 것을 은근히 종용한다. 그러나 뜻밖에도 비비는 자기가 엄마와 살 줄 알았냐고, 자기는 엄마를 떠나서 독립할 거라고 말한다. 비비는 자기는 어머니와는 다른, 자기만의 생활 방식이 있다고 말하지만 워렌 부인은 결혼을 하고 안하고를 떠나서 어머니의 권위에 도전하는 딸을 용서할 수 없다. 비비는 '어머니라는 인습적인 권위'를 버린다면 어머니를 자기 식대로 판단하는 대신 어머니가 어머니의 견해와 생활 방식을 고수할 권리를 인정하겠다."고 말한다. 자기의 어린 시절이 얼마나 처참했는지, 그리고 자기가 어떤 고생을 하면서 딸을 키웠는지 상상도 하지 못하면서 입바른 소리만을 해대는 딸에게 어머니는 쏘아붙인다. "내 견해와 내 생활 방식이라구! 재 말하는 것 좀 봐! 내가 너처럼 자란 줄 아니? 내가 어떻게 살지를 골라서 선택한다구? 내가 좋아서, 그게 옳다고 생각해서 그런 일들을 한 줄 알아? 기회가 됐는데도 대학도 안가고, 요조숙녀도 안 된 줄 아난 말이다!" 워렌 부인은 자기에게도 기회가 주어졌다면 소위 남들이 인정하는 훌륭한 여성이 될 자신이 있었음을 내비친다. 그러나 비비는 상황 탓을 하는 건 나약한 자들의 핑계에 불과하다고 반박한다.

> 어머니, 누구나 선택의 여지는 있어요. 지독히 가난한 여자애가 영국 여왕이 될까 아니면 뉴넘대학의 학장이 될까를 선택할 수는 없겠죠. 그러나 취향에 따라 넝마주의나 꽃 파는 것 중에서 선택을 할 수는 있어요. 사람들은 늘 지금의 처지를 상황 탓으로 돌리죠. 저는 상황을 믿지 않아요. 세상에서 성공한 사람들은 일어서서 자기들이 원하는 상황을 찾아 나선 사람들이에요. 찾을 수 없다면 만드는 거죠.

비비의 말처럼 아무리 가난한 여성도 몸을 팔 것인가, 아니면 구걸을 할 것인가 사이에서 선택을 할 수는 있는 것이며, 당대의 관객들 역시 몸을 파는 대신 구걸을 택한다면 비록 좀 더 힘들게 돈을 벌었을지는 몰라도 정신의 순결은 지킬 수 있다고 생각했을 것이다. 쇼가 의문을 제기하는 건 바로 이 부분이다. 가난한 여자들이 몸을 파는 행위만이 부도덕한 것인가? 그녀들을 그런 삶으로 내모는 자본주의 질서나 이기적인 탐욕 역시 부도덕하지 않은가? 쇼는 매춘을 포기 했을 때 이들 빈민들이 겪어내야 할 질병과 굶주림 또한 부도덕하기는 마찬가지라고 주장한다.

병과 굶주림이 바로 눈앞에 소름끼치는 현실로 다가와 있는 극빈층 사람들에게 개인의 자유의지와 선택이란 공허한 울림에 지나지 않는다. 그런 삶을 상상도 하지 못했을 비비가 어머니에게 하는 말은 절대적 진리이기는 하지만 아직 현실의 단련을 거치지 못한, 이상주의자의 발언이기도 하다. 워렌 부인은 딸에게 "그런 말을 하기는 쉽지." 하면서 자기가 살아온 인생을 말한다.

워렌 부인의 어머니는 조폐소 옆에서 생선 튀김을 하면서 딸 넷을 키운 과부였다. 한 아버지 밑에서 태어난 워렌 부인과 그녀의 언니 리즈는 아름답고, 똑똑했다. 그러나 아버지가 다른 두 명의 자매들은 '체구도 작고, 못 생기고, 늘 배고픈 얼굴을 하고 있었지만, 열심히 일하는 정직한 아이들'이었다.

> [아버지가 다른] 동생들은 착한 애들이었지. 하지만 착해서 그 애들이 얻은 게 뭔지 아니? 그 중 하나는 납 공장에서 일주일에 9실링을 받고 매일 12 시간씩 일하다가 결국은 납중독으로 죽었어. 그 애는 손이 좀 마비되나 보다고 생각했지만 그만 죽고 만 거야. 또 한 애는 뎀트포드의 식료품 공급장 인부와 결혼해서 리즈 언니와 내게는 하나의 모범이 되었지. 그 애 남편은 일주일에 18실링의 빠듯한 돈으로 방세를 내고 세 아이를 먹여 살렸어. 술을 입에 대기 전까지는 말이야.

워렌 부인의 동생들은 자본주의 경제 체제에서 여성은 이중으로 착취당한다는 쇼의 주장을 입증하는 좋은 사례이다. 결혼을 했든, 혹은 하지 않았든 이들은 그가 '매춘만큼이나 반사회적이며, 국가적인 차원에서 행해지는 악이며 범죄'라고 지목했던 '굶주림, 혹사, 불결, 질병' 들로 인해 죽거나 고통 받는다. 동생들 중 하나는 어린 나이에 공장에 들어가 저임금에 착취당하다 죽고, 다른 하나는 결혼해서 가정을 갖지만 알코올 중독자인 남편의 폭력과 빈곤에 시달리면서 살아간다. 고통스러웠을지는 몰라도 이들은 매춘과 기타 노동이라는, 빈민층 여성에게 주어지는 두 가지 선택 중에서 의당 가야할 길을 선택한 것이다. 그 순간 비비는 심각하게 묻는다. "어머니와 리즈 이모 역시 그렇게 생각했나요?"

물론 그렇지 않았다. 워렌 부인이 보기에 의붓자매들은 인습적 사고의 희생물이며, 그들의 삶을 가둬 놓은 인습의 철문을 박차고 나올 용기가 없었기 때문에 결과적으로 남들이 보기에 선한 삶을 산 결과가 된 것일 뿐이다. 워렌과 함께 교회에서 운영하던 학교에 다니던 중 언니 리즈는 가출을 감행한다. '정직과 순응'이라는 도덕률을 따르는 대신 리즈는 '타락한 여성'의 길을 선택한 것이다. 워렌을 가르치던 목사는 "리즈는 워털루 다리에서 강에 투신하는 걸로 인생을 마감할 것"이라고 워렌을 협박했는데, 매춘 뿐 아니라 빈곤도 국가적인 차원에서 행해지는 악이며 범죄라는 사실을 봐내지 못했다는 점에서 그는 쇼의 표현을 빌자면 자기 밖에 모르는 '지독한 이기주의자' 이다. 목사는 "강물에 몸을 던지는 것 보다 납 공장이 더 무서웠다."는 말에 스며있는 어린 워렌 부인의 공포를 알아차리지도, 이해하지도 못하기 때문이다. 교육도 받지 못하고 딱히 기술도 없는 빈민층 소녀에게 사회가 제시하는 대안들은 도덕적인 선과 악, 즉 정직과 타락 사이의 선택이 아니라 두 종류의 악, 즉 매춘 아니면 혹사, 불결과 질병이다. 워렌 부인은 언니 리즈가 인습의 장막을 뚫고, 기존의 선악을 뛰어넘는 용감한 행동을 했다고 생각한다.

언니가 가출한 후 워렌 부인은 식당의 주방에서 설거지를 하거나 술집에서 웨이트리스를 하면서 근근이 생활을 이어나간다. 그나마도 굉장한 출세라고 여기면서 살던 그녀 앞에 어느 날 모피 코트를 휘감고 금화가 가득 찬 지갑을 들고 언니 리즈가 술을 사러 온다. 워렌 부인은 비비를 보면 리즈 이모가 생각난다고 하면서, 언니는 '수완 좋은 사업가'였다고 회상한다. 부인에 따르자면 리즈는 일단 일을 하게 되자 저금부터 했고, 과거에 어떤 일을 했는지 전혀 티를 내지 않았으며, 당황하거나 기회를 놓치는 법이 없었는데, 후에 비비 역시 경제 의식이 투철하다든가 감정보다는 이성이 앞서는 행동을 한다는 점에서는 공통점이 있다. 오랜만에 만나 아름답게 자란 워렌을 보고 리즈는 꾸짖는다. "바보 같으니, 여기서 지금 뭘 하고 있는 거니? 다른 사람의 이익을 위해서 건강과 미모를 허비하고 있잖아!" 당시 리즈는 브뤼셀에 유곽을 세우기 위해 준비 중이었고, 동생에게 자기가 하고 있는 사업을 같이 하자고 제안한다. 그녀는 언니의 사업, 즉 매춘의 동업자가 된다. 워렌 부인은 유곽은 납 공장보다 훨씬 좋았고, 자기가 고용하고 있던 여자들도 혹사 시키지 않았다고 말한다.

비비는 "어머니 정도의 수완이면 어떤 일을 해서도 성공할 수 있었을 텐데 왜 하필 그 일을 선택했느냐?"고 묻는다. 그에 대해 부인은 일단 다른 일을 해서는 성공할 기반이 될 자본을 모을 수 없었고, 리즈와 자기는 별 교육도 받지 못했으며, 미모와 남자를 즐겁게 해주는 재능 외에는 특출 난 재주가 없었기 때문이라고 말한다. "너는 다른 사람들이 우리를 여점원이나 바 걸, 웨이트리스로 고용해서 우리의 멋진 외모를 팔아먹게 놔둘 정도의 바보라고 생각하진 않겠지? 턱없이 모자란 임금 대신 모든 이윤을 챙길 수 있는 장사를 할 능력이 우리한테 있는데도 말이다. 아마 그렇게 생각하진 않을 거다." 그녀는 지금 비비가 돈이 벌린다고 해서 매춘을 택하면 어리석은 일이지만 자기의 처지에 매춘이 아닌 다른 일을 했다면 그 또한 어리석은 일이었을 거라고 말한다. 비비는 "어머니의 말은 사업의 관점에서는 정확한 말씀"이라며 일단 수긍한다.

그 말은 들은 워렌 부인은 흥분하면서 자기의 말은 비단 사업 뿐 아니라 어디서나 다 해당된다고 말하면서 중산층의 결혼을 예로 든다. 그녀가 보기에는 결혼도 사업과 다를 바 없다. 좋은 남자와 결혼하기 위해 신부 수업을 하고, 결혼 후에는 남편에 의존해서 여생을 보내는 유한계급 여성들은 이익이 남는 결혼을 위해 젊은 시절 그들의 몸을 가꾸고 적당한 교양을 익히는 것에 그들의 모든 시간과 노력을 투자한다. 부인에 따르면 매춘도 사업이고, 결혼도 사업이다. 더구나 거래의 내용도 흡사하다. 다만 성매매를 하는 여성들은 자기의 처지를 잘 알고 있고 현실적으로 처신하기 때문에 감히 자기보다 훨씬 높은 처지의 남자와 결혼을 하겠다는 욕심을 내지 않을 뿐이다.

> 내가 부도덕하다고? 내 몸과 재주를 갖고 장사를 한다고? 그렇지만 여자 치고 그런 속셈이 없는 사람이 얼마나 될까? 부유한 남자들의 환심을 사고, 결혼해서 남편 돈으로 편안하게 살려고 애쓰는 소위 양갓집 규수들이 나와 어떤 차이가 있지? 굳이 차이가 있다면 결혼의 예식을 거쳤다는 것과 그렇지 못하다는 정도? 오, 세상의 위선이 나를 역겹게 하는구나. 마치 모든 게 결혼식 하나에 달린 것처럼 행동하는 꼴이란.

극 속의 워렌 부인은 결혼 제도를 둘러싼 사람들의 위선을 질타한다. 여자들은 혼례의 예식만 치르면 자기들이 자동적으로 남편을 사랑하고 자식들에게 헌신하는 아내이자 어머니가 된다고 생각하지만 워렌 부인이 보기에 이들의 결혼에는 사랑도, 노력도, 헌신도 없다. 좋은 남자와 결혼하기 위해 온갖 노력을 아끼지 않는 여성들은 마음속으로 결혼을 경제적인 안정을 보장해주는 평생직장으로 생각하기 때문인데, 이런 속셈을 감춘 채 마치 자기들이 남편에 대한 사랑 때문에 살고 있는 줄 착각한다는 것이다.

극에서 결혼은 남녀 간의 신성한 약속이라기보다는 일종의 거래로 등장한다. 부인은 말한다. "딸을 가진 런던 사교계의 여자 누구에게라도 물어 봐라. 같은 대답을 들을 거다. 나처럼 솔직하게 얘기하지 않고 빙빙 돌려서 말하겠지. 단지 그 차이만 있을 뿐이다." 워렌 부인은 사업가적 마인드가 없는 기혼녀들을 향해 경멸조로 말한다. 그녀들은 현재 남편에게 받는 돈만큼 남편에게 즐거움과 안락함을 제공하기 위해 노력도 하지 않고, 또 남편에게 언제까지 기대어 살 수 있으리라는 착각 속에서 노후를 대비하지도 않는다는 것이다. 그녀가 보기에 자신들의 처지를 파악해서 결혼 따위는 생각하지 않고, 오로지 자기 자신만을 믿고 불확실한 미래에 대비하는 창녀들이 훨씬 현명하다. 사회의 위선을 꿰뚫어 보고, 인습의 노예가 되기를 거부하며, 남들이 보기에 수치스러울지는 몰라도 자신은 늘 당당했다고 말하는 워렌 부인을 보고 비비는 어머니는 '영국 전체보다 강한 여성' 이며, 어머니에게 완전히 압도당했다고 말한다. 인습적인 삶을 혐오하는 신여성 비비의 눈에 어머니야 말로 용감하게 인습을 타파하며 살아온 여성이기 때문이다.

워렌 부인의 논리에 따르면 소위 순종적이고 정직한 삶은 타인의 시선이나 인습적인 도덕률에 갇힌 결과에 불과하다. 그것은 선하지도, 현명하지도 않으며, 나약한 의지의 결과일 뿐이다. 결혼을 해도 사실은 창녀와 다를 바 없는 삶을 살 수도 있고, 반면 창녀의 일을 하더라도 투철한 직업의식을 갖고 간호사와 같은 희생정신으로 고객을 즐겁게 하며, 언젠가 일을 못할 때를 대비해서 저축을 한다면 반듯한 삶을 살 수 있다는 것이 부인의 주장이다. 리즈언니와 자기가 그 대표적인 예이다. 다른 여성들이 대대로 빈민가에서 착취를 당하면서 거기에서 헤어나지 못한 반면에 워렌 부인은 경제적으로 자립한데다 훌륭히 딸도 키워냈다. 그녀는 배가 굶주리고 노예와 같은 상태에서 어떻게 자존심을 유지할 수 있겠느냐고 반문하며, 비비가 아무리 자기 딸이라도 만일 자기와 같은 상황이었다면 같은 선택을 하도록 권했으리라고 말한다. 쇼는 창녀가 될 수밖에 없었다는 워렌 부인의 주장을 "반박할 여지가 없이 옳은 말"이라고 지지한다. 그녀는 가난하고 헐벗은 삶은 육체와 정신을 노예의 상태로 만들어 버리며, 진정한 해방은 반드시 경제적 자립에 기초한다는 쇼의 신념의 대변자이기도 하다. 그녀는 인습에 휘둘리지 않는, '여성답지 않은 여성'이다.

워렌 부인의 주장은 정당한가?

쇼는 사회악을 개인의 도덕성 문제로만 환원시키려는 태도를 경계해야 하며, 동시에 기득권을 가진 사람들이 절대적 진리를 명분 삼아서 사회적 악을 방치하고 조장할 것을 우려했다. 그것이 그가 이 작품을 쓴 근본 이유이다. 그럼에도 불구하고 극이 발표된 지 백 여 년이 지난 지금에도 워렌 부인의 주장은 몹시 충격적이다. 그녀의 말과 행동을 분명히 이해하지 않고 넘어간다면 우리는 쇼를 매춘의 옹호자 정도로 폄하시키는 잘못을 범하게 될 것이다. 쇼는 창녀를 선택한 워렌 부인의 결정은 명시적으로, 그리고 인습적인 결혼에 대한 비판은 묵시적으로 옹호한다. 그러나 그녀의 말의 진정성은 그녀가 아직도 그 일에서 손을 떼지 않고 있다는 사실이 밝혀지면서 심각하게 훼손된다. 쇼는 일정 부분 워렌 부인의 입장을 지지한다. 그러나 이 말은 쇼가 작품 전체를 통해 그녀의 지지자로 남아있다는 뜻은 아니다. 반대로 워렌 부인이 딸 비비를 속였다고 해서 부인의 주장과 통찰력까지도 싸잡아서 사기꾼의 잔재주 정도로 치부해서도 안 될 것이다. 그렇기 때문에 매춘과 결혼을 둘러싼 워렌 부인의 대사를 구체적으로 살펴보아야 할 필요가 생긴다.

어차피 타인에게 고용되어 착취당할 육체이니 내가 주인이 되어서 매춘을 해서 돈을 벌겠다는 것이 그녀의 생각이다. 매춘을 당당한 직업으로 본다는 것은 자기의 육체를 자본가의 자본에 해당하는 것으로 보는 것이다. 마치 자본가가 자본을 굴리듯이 그녀는 자신의 육체를 운용하면서 돈을 벌고, 그 결과 가난에서 빨리 벗어나고자 한다. 사람들은 반문할 것이다. 어떻게 인간의 육체를 자본과 등가물로 간주할 수 있을까? 인간인 이상 자기의 육체와 자기 밖의 물질을 동일시 할 수는 없고, 그렇기 때문에 대부분의 사람들은 육체를 소중히 여길 수밖에 없다. 성매매를 통해 돈을 번다는 것은 물질을 수단으로 삼아 돈을 버는 것과는 분명히 다른 차원이다. 그러나 워렌 부인은 자기의 뜻과 의지가 확고하다면 육체 따위는 별 문제가 되지 않는다는 입장이다. 어차피 술집이나 식당에서 평생을 노예처럼 일하느니, 빨리 가난에서 벗어나 - 물론 자신은 그렇게 하지 않았지만 - 그 생활에서 깨끗이 손을 떼고 존경받는 귀부인으로 살아가면 좋지 않으냐는 것이다. 워렌 부인이 돈을 번 후에도 계속 유곽을 경영했다는 사실 때문에 그녀의 주장은 설득력을 잃는다. 육체에 걸림 없는 삶을 살 수 있다면 그 사람은 분명히 뛰어난 사람이긴 하다. 그렇기 때문에 똑똑한 비비조차도 어머니를 자기보다 훨씬 용감하고, 영국 전체보다 뛰어난 분이라고 존경하게 된다.

그러나 쇼는 극 전체를 통해 이런 논리는 지극히 지혜로운 자의 것일 수도 있고, 지극히 사악한 자의 것일 수도 있음을 보여준다. 그가 워렌 부인을 옹호하는 건 가난에서 벗어나기 위해 창녀를 선택한 그 순간까지일 뿐, 그녀가 탐욕의 화신이 되어서 계속 유곽을 경영한 행위는 서슴지 않고 단죄한다. 비비는 어머니의 뜻과 의지를 높이 평가해서 존경했던 것이지만 크로프츠와 아직도 동업을 한다는 사실을 알고 나자 부인의 논리가 자기의 탐욕스런 행동을 은폐하려고 했던 그럴듯한 구실에 지나지 않았음을 알게 된다. 그녀는 어머니에게 절연을 선고하면서 말한다. "제가 어머니였다면, 저도 어머니처럼 행동했을지도 모르겠군요. 그렇지만 저는 삶과 믿음을 분리시키지 않았을 거에요. 어머니는 뼛속까지 인습에 물든 여자에요. 그게 지금 제가 작별을 고하는 이유에요. 제 말이 옳지 않은가요?"

비비는 설령 창녀의 삶을 살았을지라도 매순간 어머니는 독립적이고 당당한 삶을 꿈꾸었다고 생각했는데 이제 와서 보니 어머니의 목표는 다른 자본가들과 다르지 않았다. 처음부터 그랬는지, 아니면 중간에 그 목표가 변했는지는 모르지만 매순간 어머니를 사로잡았던 것은 돈에 대한 탐욕과 이기적인 욕심뿐이었다. 이제 비비 앞에 서있는 어머니는 '영국 전체보다 위대한 여성'도 아니고 '인습적인 사고를 벗어난' 여자도 아니었다. 그녀는 자본주의의 탐욕에 속속들이 물들어서, 예전의 자기와 같은 가난한 소녀들을 육체적으로, 성적으로 착취하는 포주에 지나지 않는 것이다. 워렌 부인은 탐욕과 간교함의 화신인 크로프츠와 근본적으로 다르지 않다. 육체를 둘러싼 인습적인 사고로부터 자유로워지기는커녕 그녀는 육체의 노예가 되어 버렸다. 여성의 아름다운 육체는 그녀에게는 곧 돈이기 때문이다. 위선과 도덕적 타락과 탐욕에 눈이 먼 그녀에게 사랑, 신뢰, 믿음과 같은 것들은 보이지 않는다. 워렌 부인의 눈에 그것들은 인간의 위선에 지나지 않는다.

또 하나 점검해야 될 부분은 결혼 역시 매춘이라는 그녀의 주장이다. 대부분의 사람들은 워렌 부인이 이런 지적이 당대, 즉 빅토리아 시대의 중산층의 결혼의 관행을 풍자한다고 말하지만, 그렇게 치면 다른 시대의 결혼 관행은 이런 비판에서 예외가 되는 셈이다. 그러나 본질적으로 결혼이 매춘과 다른 점이 무엇이냐는 질문은 언제, 어느 곳에서나 있어왔다. 쇼가 편협한 독신주의자였거나 독설가였기 때문이 아니라, '누구나 알고는 있지만 아무도 공공연히 입에 올리지는 않는' 인습적인 결혼의 한 형태를 그저 말한 것이다. 영국 문학사를 살펴볼 때 결혼을 합법적 매춘이라고 최초로 공식적으로 언급한 사람은 영국 페미니즘 운동의 선구자라고 할 메리 울스턴크래프트였다. 그녀는 폭력적이고 술주정뱅이인 아버지 밑에서 자라며, 19세부터 가정교사를 전전했지만, 이런 경험을 바탕으로 가정의 울타리 속에서 곱게 자라며 오로지 책을 통해서만 지식을 습득한 그 어떤 여성보다 현장 감각이 살아있는 통찰력 있는 글을 쓰게 되었다. 쇼가 이 극을 발표하기 약 백 여 년 전인 1792년에 그녀는 "여성의 권리 옹호"라는 팸플릿을 출판한다. 거기서 일부를 인용하자면 다음과 같다.

> 사실상 여성의 행동과 태도는 여성의 정신이 건강한 상태가 아니라는 것을 명백히 증명한다. 아주 기름진 토양에 심겨져, 아름다움을 위해 힘과 재능을 희생시키고, 무성한 잎을 과시하여 까다로운 눈을 기쁘게 한 뒤에는, 완전한 성숙의 계절을 앞두고 일찌감치 시들어 버리고, 줄기는 무시되는 꽃들처럼 말이다. 열매도 맺지 못할 꽃을 피우는 한 요인으로 잘못된 교육 제도를 들 수 있다.

그녀는 여자가 남자에 기대어 살아가는 현상은 애초에 여자가 남자보다 열등하게 태어났기 때문이 아니라, 여성에 대한 그릇된 교육 때문이라고 개탄한다. 교육을 통해 남자는 여자를 그들이 부리기에 편리한 노예로 만들었고, 자기들의 이익을 위해서 여자를 '인간'이 아닌 '여자'로 만들어 가며, 그녀들을 자애로운 아내와 이성적인 어머니보다는 매혹적인 애인으로 만드는데 몰두해 왔다고 말한다. 그녀는 말한다. '중산층의 남자들은 청년기에 장래의 직업들에 대한 준비를 하고, 결혼은 그들의 삶에 있어서 큰 비중을 차지하지 않는다. 반면 여자들은 그들의 능력을 연마할 어떤 계획도 없다. 그들의 관심을 집중시키는 것은 사업도, 광대한 계획도, 혹은 어떤 야망들의 비상도 아니다. 세상에서 입신하고 쾌락에서 쾌락으로 마음껏 질주할 자유를 얻기 위해 여자들은 이익이 남는 결혼을 해야 한다. 이러한 목표를 위해 그들의 시간은 희생되고, 그들 개개인은 종종 **합법적인 매춘**을 하는 것이다.'[7](강조는 필자의 것임.)

---

7 Mary Wollstonecraft, "A Vindication of the Rights of Woman" Ch. 4. Observations on the State of Degradation to Which Woman is Reduced by Various Causes. *Norton Anthology*, Vol. 2. 189.

지적으로 훈련되고 독립된 여성으로서의 삶을 추구했던 한 여성운동가가 200여 년 전에 했던 말은 쇼가 살았던 시대에도 그랬고, 과거에 비해 여성의 권리가 괄목하리만큼 신장되었다는 오늘날에도 여전히 유효하다. 결혼을 통해 서로 간에 외모와 성적 매력, 재능과 돈과 가문과 사회적 능력 등등을 거래하고, 남자든 여자든 이익이 남는 계약을 통해 자신의 입지를 강화하고자 하는 인간의 욕망은 변하지 않았다. 오히려 이런 거래는 제도적으로 더욱 세분화되고 정교해졌다. 자신의 소득과 지위, 학력과 외모 뿐 아니라 동일한 항목을 부모에까지 적용해서 예상 배우자를 선별해주는 결혼정보업체들이 그 좋은 예가 아닌가. 또 전업주부의 가사노동을 임금으로 환산해야 한다는 일부 페미니스트의 주장은 자칫 잘못하면 사랑에 기초해서 유지되어야 할 결혼이라는 제도가 그야말로 상호 간의 노동력이나 서비스의 교환과 다를 바 없다는 결론으로 유도되기 쉽다. 그렇다면 결혼은 매춘이라는 워렌 부인의 주장에 반론을 제기할 토대마저도 스스로 없애버리는 잘못을 범하게 될지도 모른다.

흔히 매춘의 목적은 돈이고, 결혼의 시작이자 끝은 바로 사랑이라고 말한다. 결혼은 합법적 매춘이라는 주장에 대한 이런 반론을 예상이라도 했듯이 쇼는 비비의 이복동생인 프랭크를 등장시켜서 '낭만적 사랑' 또한 현실의 암초에 걸려 너무도 쉽게 좌초하고 마는, 결혼 시장의 거래 품목의 하나에 지나지 않음을 보여준다. 프랭크는 잘 생긴 용모를 밑천 삼아서 자기에게는 없는 '머리와 돈'을 가진 여자와 결혼하려고 한다. 그는 자기와 비비가 이복 오누이 사이임을 알게 되었어도 비비와의 결혼을 포기하지 않고 집요하게 매달린다. 그러다가 그녀가 어머니와 절연해서 한 푼의 유산도 물려받을 수 없게 되자 '비비에게 평생 자기를 먹여 살려야 한다는 부담을 줄 수 없다'는 명분을 대면서 그녀에게 작별의 쪽지를 남기고 떠난다. 그는 돈과 지위를 앞세워 비비와 결혼하려는 크로프츠나 혹은 무일푼 한량에게 자기 딸을 줄 수 없다는 워렌 부인을 속물이라고 경멸하지만, 그 역시 속물이긴 마찬가지이다. 크로프츠가 주장하는 '사랑 대신 돈'이나 혹은 프랭크가 주장하는 '돈 대신 사랑' 모두 결혼을 하나의 거래로 생각한 결과에 불과하다. 그러나 결혼이란 사랑이 이미 완성된 상태가 아니라 매순간 사랑을 향해 노력해가는 과정임을 깨닫는다면 워렌 부인이나 울스톤크래프트의 지적을 발판 삼아 매춘과 결혼의 경계를 그을 수 있을 것이다.

워렌 부인의 열정적인 고백에 비비가 감동하고, 그 결과 잠시 성립되었던 어머니와 딸의 유대는 크로프츠의 폭로로 산산조각이 난다. 50세의 준 남작 크로프츠는 비비에게 청혼하기에 앞서 먼저 말이 통할 것 같은 그녀의 어머니를 공략한다. "이봐요, 당신은 분별 있는 사람이오. 도덕적인 체 할 필요는 없어요. 더 이상 묻지 않을 테고 당신도 아무 대답도 할 필요가 없소. 난 당신 딸에게 내 전 재산을 주겠소. 그리고 만약 결혼식 날 당신 몫으로 수표를 원한다면 원하는 만큼의 숫자를 적어 넣구려, 적당히." 워렌 부인은 그의 제안을 단칼에 거부하지만 잠시 후에 비비가 크로프츠에게 쌀쌀맞게 구는 것을 보고 책망하는 걸 보면 그의 제안에 아주 미련이 없는 것 같지도 않다. 그는 자기의 제안이 부인이나 비비, 그 누구에게도 손해되지 않는 거래라고 말한다. 일단 부인에게 운을 띄우고 그 다음 날 그는 똑같은 제의를 딸에게 한다. 그는 비비에게 자기가 부자임을 은근히 과시하면서 크로프츠 부인이 되어달라고 말한다. 비비는 짤막하게 '돈과 지위, 크로프츠 부인'을 모두 거절하겠다고 말한다. 그러나 크로프츠는 실망하지 않고 자기는 나이가 많으니 일찍 죽을 것이고, 비비가 갖게 될 유산과 지위가 그녀의 출신 성분으로 볼 때 얼마나 과분한 것인지를 설득한다. 그녀가 담담하지만 단호하게 그 제의를 거절하자 그는 최후의 수단으로 그녀의 교육비와 생활비도 전부 자기 손에서 나간 것임을 폭로한다.

크로프츠는 설마 비비가 어머니의 직업을 알고 있으리라고는 생각 못하고, 워렌의 직업을 협박조로 은근히 거론하면서 비비의 항복을 받아내고자 했다. 그러나 그는 비비가 이미 그 사실을 알고 있자 당혹해 한다. 이미 손을 뗀 줄 알았던 어머니가 아직도 그와 동업을 하고 있음을 알게 된 비비도 충격을 받기는 마찬가지였다. 가까스로 정신을 수습하면서 비비는 어머니는 경우가 다르다고 반박한다. "어머니는 그 일 외에는 선택의 여지가 없는 지극히 가난한 여자였어요. 당신은 돈이 많은 신사였으면서도 35%의 수익을 위해 같은 짓을 했지요. 당신은 지극히 야비한 악당이에요." 그러나 이미 비비는 마음속에서 어머니를 크로프츠와 하나도 다를 바 없는 이기적이고 탐욕스런 자본가의 대열에 놓는다. 사회의 인습과 위선은 비비가 생각했던 것 이상이지만 워렌 부인은 더 이상 그것들에 교묘히 기대어 자기를 정당화시키지 못할 것이다.

크로프츠는 '투자한 자본에 대한 이윤을 갖는다는 점에서 매춘업도 다른 사업과 다를 바 없다.'고 말한다. 이것은 사람의 육체마저도 상품으로 보는 관점이지만, 그렇다고 해서 크로프츠가 엄청난 악당도 아니다. 워렌 부인이 결혼 제도를 두고 얘기했듯이 양갓집 여자들도 똑같은 생각을 하고 있으며, 크로프츠나 워렌은 자기기만에 빠지지 않았다는 점에서는 오히려 보통 사람들보다 뛰어나다고 하겠다. 두 사람 모두 자신들의 '솔직함'에 자부심을 느끼지만 사실 이들은 인간이 지향해야 할 도덕률을 파기시켰다. 도덕이란 현재 그렇게 할 실력은 되지 않지만 인간답게 되기 위해 우리가 지향해야 할 목표이지만 이들은 본능과 탐욕에 충실한 자신들의 현재 상태가 바로 인간의 모습이라고 생각하는 것이다.

크로프츠는 불독과 같은 얼굴을 지녔는데, 이런 외모의 묘사는 먹이를 보고 한순간의 망설임도 없이 돌진해서, 일단 먹잇감을 물고 나면 결코 놓지 않는 동물의 본능을 상징한다. 약육강식의 논리가 지배하는 정글에서는 망설임을 모르는 크로프츠같은 인물이 승리할 것이지만, 망설임은 때로는 자기반성을 할 수 있는 계기이기도 하다. 교양, 예의, 자선과 같은 덕목들을 모두 위선이라고 보는 그는 거래를 할 때도 나름대로 솔직하다. 그는 자기의 정체성을 '돈', '타이틀', '권력'과 같은 항목들로 환원한다. 그의 눈에는 비비도 마음껏 뻗어가는 나무와 같은 유기적인 존재가 아니라, 자기가 제시하는 품목과 교환할 가치가 적재된 '미모', '지력', '젊음'의 묶음에 불과하다. 인간이 상품으로 변환되는 이런 과정을 우리는 '물화'라고 부른다. 자본주의의 논리로 크로프츠는 많은 돈을 벌었지만, 그는 그것의 최대 피해자이기도 하다. 이 점은 워렌 부인도 마찬가지이다.

신여성 비비

비비가 대학에서 받았던 장학금도 크로프츠 일가가 설립한 것이며, 그녀는 자신의 의도와는 무관하게 크로프츠와 같은 악덕 자본가들의 탐욕이나 사악함에 연루되었음을 알게 된다. 그들의 힘은 사회의 꼭대기에서 밑바닥에 이르기 까지 모든 구성원들의 삶 구석구석에 침투해 있다. 그러나 비비는 그 사실을 알고 분노하지도, 수치스러워하지도 않는다. 그녀는 담담하게 사실을 있는 그대로 받아들인다. 그녀는 지금까지 살아오면서 가난이라든가 혹은 자신에게 건네진 어머니의 돈이 어디서 오는지에 대해 전혀 알려고 하지 않았던 것도 일종의 직무 유기임을 통감한다. 권모술수와 치밀한 계산을 감추고 있는 크로프츠 경은 세파를 뚫고 살아남은 워렌 부인마저도 때로 두려움에 휩싸이게 만드는 노회한 정치가이자 사업가이다. 그런 크로프츠 경과 비비는 불꽃 튀는 팽팽한 접전을 벌인다. 이들의 대결은 돈과 권력과 도덕적 타락으로 똘똘 뭉친

거인과 순결한 이상으로 무장한 소녀의 싸움을 연상시킨다. 그녀의 허리띠의 장식 사슬에 매달려 있는 만년필과 종이칼 정도가 그녀의 무기일 것이다. 그러나 비비는 자기가 교육받은 대로 인습을 하나씩 타파한다.

"당신이 입은 옷이나 교육비도 내 주머니에서 나왔다."는 크로프츠의 말에 그녀는 담담하게 "나도 당신만큼 나쁜 사람"이라고 대답한다. 이 말은 가난한 아이들을 착취한 돈으로 공부를 했으니 자기 역시 그 더러운 행위에 일조했다는, 그리하여 자신이 의도하지 않았으되 결과적으로는 범하고 만 죄에 대한 책임을 지겠다는 말로 해석할 수 있다. 그녀는 위선과 탐욕으로 물든 삶과 작별할 의사를 분명히 밝힌다. 앞서 그녀는 말한 바 있다. "세상에서 성공한 사람들은 일어서서 자기들이 원하는 상황을 찾아 나선 사람들이에요. 찾을 수 없다면 만드는 거죠." '인습적인' 신여성이자 갓 대학을 졸업한 비비는 이제 학교에서 배운 그의 지식과 이상들을 담금질하면서 하나씩 현실에 적용해야 할 과정의 출발점에 선다. 그녀는 과거의 삶과 절연한다. 워렌 부인은 어차피 세상의 삶이란 도덕과 예의를 가장한 위선에 지나지 않으므로 남들이 하는 대로 탐욕과 환락의 길을 가는 게 뭐가 나쁘냐고 반문하지만 비비는 자기 앞으로 매달 어머니가 송금했던 용돈을 돌려보내며 절교를 선언한다. 그녀가 보기에 프랭크가 주장하는 '사랑의 젊은 꿈' 이나 어머니의 예술가 친구인 프레드가 역설하는 '삶의 낭만과 아름다움'은 모두 현실을 은폐하는 환상에 불과하다. 비비는 프랭크의 작별쪽지를 쓱 훑어보고는 휴지통에 던지고, 함께 유럽으로 떠나자는 프레드의 청도 거절한다. 어머니와 남남이 되었듯이 현실에 눈을 뜬 비비에게는 이들 역시 자신이 선택한 인생과 무관한 존재인 것이다. 극은 아무도 없는 텅 빈 법률사무소에서 산더미처럼 싸인 서류에 파묻혀 일에 몰두하는 비비의 모습으로 끝난다.

이 극은 1894년에 완성되었고, '불쾌한 극'이라는 이름하에 다른 두 편의 작품들과 함께 출판되었다. 공공연하게 매춘을 옹호하는 듯 보이는 이 작품은 당연히 검열에 통과되지 못했고, 그 후에도 오랜 기간 빛을 보지 못했다. 이 극은 영국에서는 1902년 비공식적으로 연극동호인들의 소모임에서 처음 공연되었고, 1905년 미국 뉴욕에서 최초로 공식적으로 공연되었다. 이때도 상연 도중에 급히 충돌한 경찰에 의해 연출자와 단원들이 체포되어 극이 잠시 중단되는 해프닝이 있었다. 쇼는 1925년 노벨 문학상 수상자로 지명되었으나 수상을 거부했고, 이 작품은 그 다음 해인 1926년 영국에서 최초로 공식적으로 상연되었다. 이 작품집에 실린 극들은 대중의 교화를 목표로 했던 쇼의 작품답게 매춘과 같은 사회악들을 적나라하게 관객들 앞에 펼쳐 보인다. 그는 이런 극들이 당연히 불쾌감을 불러일으키리라는 것도 예상했다. 『워렌 부인의 직업』에는 매춘으로 성공한 어머니와 이제 막 대학을 졸업한 그녀의 딸을 중심으로 악덕 사업가, 이상에 사로잡힌 예술가, 잘 생긴 한량, 어리석고 소심한 목사를 통해 자본주의가 합법화하는 착취의 논리, 선한 명분 뒤에 가려진 인간의 탐욕, 허울만 그럴듯한 종교나 예술적 믿음, 결혼 제도를 둘러싼 사회와 개인의 탐욕과 위선이 위트와 신랄한 풍자를 통해 적나라하게 그려진다.

극에는 세 부류의 사람들이 등장한다. 첫째는 속물로서, 크로프츠와 워렌 부인, 프랭크와 가드너 목사가 여기에 포함된다. 이들은 세상을 지배하는 힘들은 돈, 권력, 명예라고 믿는다. 크로프츠와 워렌은 속으로는 이런 힘들을 쫓지만 겉으로는 초연한 척하며 이상과 도덕을 내세우는 사람들을 위선자와 인습적인 사람들이라고 조롱한다. 위선과 인습에 매인 사람들은 속물이지만 이 두 사람도 속물이긴 마찬가지이다. 차이가 있다면 이들은 대다수의 속물들보다는 자신들의 속마음에 좀 더 솔직하다는 정도일 것이다. 두 번째 부류는 이상주의자로서 자칭 예술의 전도사이자 인습타파주의자로 나오는 프레드가 이 부류에 속한다. 그는 유럽의 화려하고 세련된 건축물의 아름다움만을 볼 뿐이지 그 이면을 보지 못한다. 예컨대 브뤼셀이나 비엔나에는 워렌 부인의 업소가 있지만 그는 이상과 환상의 베일에 가려 실체를 보지 못한다. 이상주의자는 삶의 리얼리티에 눈을 감는다. 마지막으로 현실주의자가 있다. 비비가 바로 이 범주에 속하는 인물이다. 말 그대로 그녀는 현실을 있는 그대로 본다. 인습적인 삶을 거부한다는 점에서 워렌 부인과 비비는 닮았다. 그러나 워렌 부인이 신념과 행동이 모순되는, '인습적인' 삶을 선택한 반면 비비는 자기의 신념에 따라 살기를 선택한다. 그런 의미에서 비비는 쇼가 지향하는 선구자적인 인물이며, 이상적인 여성상을 대표한다.

4

침묵하는 어머니 거트루드

-『햄릿』

햄릿: 허나 제겐 겉모습 이상의 무엇이 있으며
　　그런 건 비통의 옷이요, 치장일 뿐입니다.

비극적 사건의 중심에 서있는 거트루드

『햄릿』에서 왕비 거트루드는 비극적 상황의 중심에 서있다. 선왕과 햄릿, 그리고 현재 왕위에 있는 클로디어스는 모두 그녀를 지극히 사랑한다. 선왕과 햄릿이 거트루드에게 쏟았던 애정은 이제는 극심한 배신감과 분노로 변했지만, 유령이나 햄릿의 행동으로 미루어 그들의 증오는 그들 마음 깊숙이에서 끊이지 않고 이어지는 애정의 역설적인 표현이라고 할 수 있다. 엘시노어 궁에서 어머니의 혼례식이 있은 후에도 검은 상복을 벗지 않은 햄릿의 맨 처음 독백은 무기력하고, 우울하며, 죽음에 대한 열망을 담고 있다. 그는 인생에 대한 환멸과 인간의 더러움에 혐오감을 감추지 못하는데, 그의 말을 가만히 살펴보면 그가 그토록 절망과 염세적인 비전에 빠져 있는 이유는 아버지의 급작스런 죽음으로 인한 슬픔 때문이 아니라 어머니와 숙부의 재혼에서 비롯된 배신감임을 알 수 있다.

거트루드는 남편이 죽은 지 채 두 달도 지나지 않아 그의 동생과 결혼했다. 햄릿에게는 물론 청천벽력과 같은 일일 것이다. 어머니의 재혼은 과연 어머니가 아버지를 정말 사랑했던 것일까 하는 의문을 자아내는 동시에 당시 교회가 명시적으로 금지한 근친상간이기도 했다. 거트루드는 정말 남편과 아들을 배신한 것일까? 그녀는 심지어 남편의 살해에도 공모를 한 것일까? 햄릿은 숙부가 아버지의 살해범이라는 심증은 있지만 구체적인 물증은 없어서, 그런 의혹을 가슴에만 담아 둔다. 그 후 아버지의 유령이 등장하여 햄릿의 의혹이 사실이었음을 확인해주고, 햄릿은 <쥐덫>이라는 극중극을 통해 결정적인 단서를 포착한다. 관객은 햄릿보다 더 분명하게 클로디어스의 죄를 목격한다. 극중극의 중간에 자리를 떨치고 나온 왕은 무릎을 꿇고 한편으로는 자기의 죄를 신에게서 용서받고 싶은 마음과 다른 한편으로는 죄의 대가로 손에 넣은 것들을 도저히 포기할 수 없다는 원죄적인 욕망 사이에서 갈등하는 모습을 보여준다. 그러나 거트루드를 둘러싼 의문을 풀만한 단서는 없다. 그녀가 왜 그토록 빨리, 아들 뿐 아니라 세인들의 비난을 받을 만한 결혼을 감행했는지는 끝까지 의문으로 남는다. 햄릿의 고뇌의 대부분은 더럽혀진 어머니의 육체, 부정한 어머니의 아들이라는 자의식에서 비롯된 것인데도 그녀에게 할당된 대사는 다른 인물들에 비해서 극히 적다. 그녀를 둘러싼 의혹은 햄릿 뿐 아니라 관객에게도 계속 알 수 없는 것으로 남는다.

선왕의 유령은 지상으로 힘든 발걸음을 해서 아들에게 자기 죽음의 비밀을 폭로하는 급박한 순간에도 자신의 억울한 죽음을 알리는 일 못지않게 왕비의 배신을 비통해한다. 흉악무도한 살인을 복수해달라고 아들에게 부탁하면서 그는 자기의 생명과 왕관을 빼앗긴 것과 더불어 왕비까지도 언급한다. 유령은 동생의 손에 "생명, 왕관, 왕비"를 잃었다고 말하면서 그의 아들인 햄릿에게 복수의 방법을 제시한다. 햄릿은 아버지의 복수를 하되, 자기의 마음을 더럽히지도 말아야 하고, 어머니를 위험에 빠뜨려서도 안 된다. 복수라고하면 당연히 원수를 향한 증오심이 없을 수가 없을 터인데 일상적인 복수의 차원을 훨씬 뛰어넘는 지시를 하는 건 셰익스피어가 극을 쓸 당시에 복수를 둘러싼, 서로 상충되는 도덕관 때문이라고 생각된다. 가문의 적을 응징하는 것이 명예로운 행위로 간주되는 전통적인 복수관이 아직도 르네상스 사람들의 성품에 뿌리박혀 있지만 그와 더불어 인본주의 사회와 법치국가로 접어들면서 눈에는 눈, 이에는 이와 같은 복수의 개념은 지양되었다. 복수는 신의 손에 맡길 일이지 인간의 차원에서 행해질 일은 아니며, 세속적으로도 법에 호소해서 합리적으로 해결되어야 할 문제로 인식되기 시작했다. 이런 맥락에서 햄릿의 마음을 분노와 원망으로 물들지 않게 하라는 유령의 말은 한 차원 높은 복수의 개념을 말한다고도 볼 수 있다. 그러나 유령은 왜 어머니를 보호하려고 하는 것일까? 유령은 이미 햄릿의 마음속에서 어머니에 대한 분노와 증오를 읽은 것일지도 모른다.

클로디어스에게 거트루드는 사랑하는 여인일 뿐 아니라 정치적으로도 중요한 인물이다. 비단 극에 등장하는 덴마크 뿐 아니라 어떤 나라이든 마찬가지겠지만, 급작스런 왕의 죽음은 나라 안팎으로 큰 위기를 불러올 가능성이 있다. 클로디어스는 이미 왕위에 올랐지만 그의 왕권은 백성들의 사랑을 한 몸에 받는 햄릿 왕자로 인해 위태로울 수 있으며, 이웃

노르웨이는 덴마크가 혼란한 틈을 타서 이전에 선왕과의 전쟁에서 잃었던 땅을 되찾기 위해 침략의 기회를 엿본다. 이런 위태로운 상황에서 왕위에 오른 클로디어스는 뛰어난 정치외교적인 역량을 발휘한다. 그는 선왕이 죽자 재빨리 왕위에 오르고, 왕권을 강화하기 위해 형수와 결혼한다. 선왕의 아내로서 그녀는 덴마크의 '왕권 분담자'로서 클로디어스의 입지를 충분히 강화시킬 수 있기 때문이다. 그리고 노르웨이에는 사신을 보내서 젊은 왕자 포틴브라스의 침략 야욕을 외교적으로 평화롭게 해결할 계획을 중신들에게 밝힌다. 또 다른 왕위계승자 햄릿이 있음에도 불구하고 자기가 왕위에 오른다든가, 근친상간의 비난을 무릅쓰고 형수와 결혼을 하는 것은 정치적으로 상당히 부담스러운 일이었을 텐데, 그는 이 과정에서 중신들의 진언을 참조했다고 밝히면서 자기의 행동에 대한 명분으로 삼는다.

그는 부왕의 살해를 위해 왕비를 유혹했을 수도 있고, 미약한 왕권을 지지해줄 정치적인 수단으로 왕비가 필요했을 지도 모르며, 혹은 정말로 왕비를 사랑하고 있을 수도 있다. 위에서 언급한 기도의 장면에서 클로디어스는 자기가 살인의 대가로 "왕관, 야망, 왕비"를 얻었고, 그것들을 포기할 수 없다고 말하는데, 그 속에서 우리는 죽는 순간 "생명, 왕관, 왕비"를 빼앗겼다는 선왕의 목소리를 떠올린다. 극의 후반부에 반역의 무리들을 이끌고 온 레어티즈가 왜 햄릿을 살려두느냐고 항변할 때 왕은 두 가지 이유를 든다. 하나는 백성들이 햄릿을 사랑하기 때문이고, 다른 하나는 왕비 때문이다. 왕은 왕비를 자기의 영혼처럼 사랑하는데 바로 그 왕비가 아들 햄릿을 끔찍이 사랑하기 때문이라는 것이다. 현실적으로 거트루드는 언제라도 죽음의 칼날이 햄릿에게 날아들 수 있는 위태로운 상황에서 그의 보호막으로 존재하고 있음을 알 수 있다.

『햄릿』의 비극이 벌어지는 엘시노어 궁전은 불확실성과 혼돈, 죽음의 냄새와 인간의 권력욕, 그리고 그것이 빚어내는 광기로 가득 차 있다. 수수께끼 같은 햄릿의 행동과 무수한 그의 사변적인 고뇌는 바로 그 궁정에서 길을 잃은 젊은이의 고뇌이기도 하다. 극에서 햄릿 못지않게 수수께끼와 같은 인물이 바로 그의 어머니 거트루드이다. 남편이 죽고 시동생과 결혼한 그녀에게 주어진 길 또한 평탄하지 않을 것이지만 그녀는 말이 없다. 그녀의 내면을 들여다 볼만한 대사도, 그녀가 온전한 캐릭터로서 발전할 기회도 주어지지 않는다. 그녀는 침묵할 뿐이다. 그녀에 대한 많은 평가는 그녀가 직접 한 말이나 행동보다는 유령이나 햄릿이 그녀를 비난하는 내용에 근거해서 이뤄져 왔다. 그 결과 1601년 최초로 『햄릿』이 상연된 이래 거트루드는 불륜과 빗나간 욕정의 화신, 신의 없는 어머니의 전형으로 인식되어 왔다. 거기에 덧붙여 비평가들은 그녀가 남편의 살해에 직접 개입을 하였는가, 아니면 시동생의 계획을 알고도 묵인하였는가 하는 문제까지 진지하게 거론하기도 했다. 그리하여 그녀는 연극 무대나 비평서, 그리고 영화 등에서 대체로 쾌락을 추구하는 관능적인 여인, 남편과 아들의 파멸에 일조하는 무책임한 여인으로 재현되거나, 설사 긍정적으로 그려진다고 해도 선한 마음을 지니긴 했으나 자신이나 상황에 대한 통찰력이 부족한 단순하고 무지한 여인으로 간주되었다.

『햄릿』은 셰익스피어가 창작한 이야기는 아니다. 햄릿의 최초 이야기는 12세기 말경에 씌어지고 1514년에 처음 출판된 삭소 그라마티쿠스의 『덴마크 역사』에 실린 '암렛'의 이야기로 추정된다. 원전에서 왕비의 정체는 이처럼 베일에 싸여있지 않다. 그녀는 시동생과의 불륜에 빠져 있다가 아들의 질책을 듣고 참회해서 나중에 아들의 지시에 따라 그의 왕권 탈취를 적극적으로 돕는 역할을 한다. 형의 성공을 시기한 동생은 형을 죽이고 형수와 결혼하며, 젊은 왕자는 궁정에서 살아남기 위해 광기를 가장해서 삼촌의 감시의 시선을 피한다. 이후 젊고 아름다운 여자를 미끼로 광기의 실체를 파악하려 한다든가, 감시자를 왕비의 내실에 숨어들게 해서 어머니와 아들의 대화를 엿듣게 하고, 그 와중에 밀정이 살해되는 장면, 그리고 실종된 밀정 때문에 의심이 커진 왕이 영국 왕에게 밀서를 보내지만 왕자는 그 계략을 눈치 채고 오히려 자기의 호위병들을 죽인다는 내용도 원전과 셰익스피어의 작품에서 대동소이하다. 그러나 어머니를 둘러싸고는 결정적인 차이가 발생한다. 원래의 이야기에서는 왕비는 내실 장면에서 아들의 훈계와 비난을 듣고 자기의 죄를 참회한다. 이후 그녀는 아들 편에 서서 아들이 지시했던 대로 모든 일을 꾸며놨으며, 암렛은 영국에서 돌아와 무난히 삼촌을 죽이고 왕권을 되찾는다.

그러나 이처럼 단순한 복수극의 플롯은 셰익스피어의 『햄릿』에 오면 끊임없이 지연되는 복수의 행위와 그 실체가 불분명한 왕비 때문에 복잡해진다. 왜 셰익스피어의 왕비는 선왕과 아들, 그리고 지금의 남편

사이에서 애매한 태도를 취하면서 침묵할 뿐일까? 그녀는 정말 햄릿이나 선왕이 말하듯이 욕정에 굴복한 나약한 여성에 불과한가? 아니면 그녀의 침묵에는 어떤 특별한 뜻이 있는 것일까? 당대 영국의 역사와 궁정의 상황을 참조해 보면 셰익스피어가 왕비 거트루드를 이처럼 침묵하는, 수수께끼와 같은 인물로 재현함으로써 궁정이나 권력의 속성과 분위기를 실감나게 전달했다는 인상을 받게 된다. 셰익스피어가 재현하는 것은 한 가족 내의 비극이 아니라 권력욕과 욕정이 결합된 궁정의 비극이며, 그렇기 때문에 거트루드를 단순히 한 남자의 아내이자 아들의 어머니로만 조명할 수는 없는 것이다. 그녀는 왕비이며, 실제 역사에서 권력의 중심부에 위치한 인물은 말할 것도 없고 그 주변부에 있는 모든 사람들은 본인들이 원하든, 원하지 않든 권력을 향한 피비린내 나는 투쟁에서 자유로울 수 없었다. 햄릿 못지않게 그녀도 늘 위태로운 상황에 놓여있다. 햄릿이 복수를 해야 하지만 자기의 마음을 더럽히지 않고 복수를 하는 길을 찾아야 하듯이 거트루드는 찬탈자인 현재의 왕과 적법한 왕위계승자로서 감시와 죽음의 위협에 노출된 햄릿, 이 두 사람 사이에서 미묘한 균형을 유지하며 아들을 보호해야할 입장이다. 더욱이 그녀는 두 사람 모두를 사랑하는 듯이 보이기도 한다. 이 상황을 지혜롭고 강인하게 헤쳐 나갈 힘이 없는 한 그녀는 미치거나 죽을 수밖에 없을지도 모른다. 마치 오필리어처럼 말이다.

복수극과 궁정의 여인들

『햄릿』은 전형적인 복수극의 플롯을 취한다. 당시 영국의 극 무대는 인간의 빗나간 야심이나 욕정을 경계하는 세네카의 극 전통을 계승한 복수극이 유행이었다. 복수극의 전형적인 특징으로는 억울하게 살해당한 자의 유령이 등장한다든가 은폐된 살인의 진실을 알아내기 위한 극중극의 삽입, 그리고 유혈 낭자한 결투의 장면들이 있는데, 형식상으로 셰익스피어는 이런 요소들을 모두 『햄릿』에 삽입하였다. 이런 장면들은 당대의 관객들에게 인기가 있었을 뿐 아니라 주로 궁정의 암투와 사랑을 소재로 한 복수극은 궁정과 왕실에 대한 당대인들의 관심사와 맞물려 관객들의 열띤 호응을 얻었다. 그러나 앞서도 말했듯이 셰익스피어의 극은 기존의 전형적인 복수극의 차원을 뛰어 넘는다. “너에게 아들로서의 정이 남아 있다면 덴마크 왕실의 거룩한 침소를 정욕과 불의의 잠자리로 버려두지 마라. 그렇지만 이 과업을 위해 어떤 방법이든 써도 좋되, 네 마음을 더럽혀서는 안 된다. 또한 어머니를 위태롭게 해서도 안 된다. 어머니는 하늘의 심판에 맡겨둬라. 그녀의 마음속에 박힌 가책의 가시가 그녀를 찌르고 쑤시도록 내버려 둬라.”는 유령의 말은 이를 단적으로 보여준다. ‘복수는 나의 것’ (Vindicta Mihi)이라는 가르침, 즉 원수의 처단은 신의 손에 맞길 것이며 인간의 일은 아니라는 기독교적 이상을 우리는 여기서 읽어낼 수 있다.

그러나 실제 역사를 살펴보면 궁정과 일반인들의 상황은 달랐음을 알 수 있다. 일반 백성들에게 엄격히 적용되었을 근친상간이나 사적인 복수의 금지는 정치적 책략이 판치는 궁정에서는 통할 수 없는 것이었다. 예를 들어 클로디어스와 거트루드의 결혼은 근친상간이긴 하지만 실제 영국의 역사에서 엘리자베스 1세의 아버지인 헨리 8세는 형수였던 스페인의 캐더린 공주와 결혼한다. 제대로 된 혼례를 치루기도 전에 장남이 죽게 되자 헨리 7세는 정략적으로 캐더린을 그 동생 (후에 헨리 8세)과 결혼시킨 것이다. 일반인 같으면 당연히 불가능했겠지만 교황은 이들의 결혼을 승인했고, 헨리 8세는 그녀와의 사이에서 딸 메리를 낳았다. 헨리 8세는 아들을 고대했지만 그 바램은 이뤄지지 않았고 왕은 자기가 형수와 근친상간의 결혼을 했기 때문이라고 자책했으며, 결국 후에 엘리자베스 1세의 어머니가 되는 앤 볼린과 결혼하기 위해 캐더린과의 결혼을 무효화시킨다.

거트루드의 침묵이 궁정에서 살아남기 위해 얼마나 필요한 것이었을지는 젊은 여인으로서 왕위에 오른 엘리자베스 1세의 경우를 보면 분명해진다. 헨리 8세는 교황청과 결별하고 스스로 영국 국교의 수장이 됨으로써 앤 볼린과의 결혼을 어렵게 성사시킨다. 그러나 그녀가 엘리자베스 공주만 낳고 아들을 낳지 못하고, 그 자신은 다른 여자에게 마음이 기울면서 헨리 8세는 그녀와 이혼하고자 한다. 완강히 저항하던 앤 왕비는 결국 간음과 근친상간과 역모라는 죄를 쓰고 단두대에서 처형되며, 그녀가 죽은 지 3년 후에 어린 엘리자베스는 사생아라는 선고를 받고 왕위

계승권을 박탈당한다. 헨리 8세가 죽은 후 이복 남동생 에드워드 6세가 왕위에 올랐다가 어린 나이에 결핵으로 사망하자 정식 후계자가 없는 영국 왕실은 혼란에 빠진다. 레이디 제인 그레이, 그리고 그 뒤를 이어 잠깐 엘리자베스의 언니인 메리가 왕위에 올랐지만 최후의 승자는 엘리자베스였다. 그녀는 1558년에 왕위에 올라 죽을 때까지 영국을 통치했다. 그러나 그녀가 결코 순탄하게 왕위에 오를 수 있었던 것은 아니었다. 신교도였던 그녀는 언니 메리가 재위하던 시절 발생했던 신교도의 반란에 주동자로 몰려서 1년간 감금되기도 했고, 어머니 앤 볼린의 불미스런 죽음으로 인해 정통성에 타격을 받아서 재위 이전이나 이후에도 스코틀랜드의 메리 여왕을 비롯해서 여러 일족들의 도전을 받아야 했다.

물론 엘리자베스 여왕이 신교도의 반란에 직접적으로 관여하지 않았지만 그녀의 존재 자체는 메리 여왕의 지지 세력인 구교도의 존립을 위협할 만한 힘이 있었다. 어린 나이부터 엘리자베스는 왕족의 피를 물려받았다는 것, 왕권과 어떤 식으로 연루되는 것 자체가 그녀의 생명을 위태롭게 한다는 사실을 본능적으로 습득했을 것임에 틀림없다. 왕위에 올라 그녀는 "나는 본다, 그러나 말하지 않는다."(Video et taceo)를 행동 지침으로 삼았으며, 그로 인해 수동적이고 결단력이 없다는 주변의 평가가 종종 있었지만, 이런 원칙을 일관되게 고수함으로써 복잡하고도 위험한 정치외교적인 문제라든가 정략적 결혼의 위협을 지혜롭게 헤쳐 나올 수 있었다고 한다. 비단 엘리자베스 여왕 뿐 아니라 왕위 계승권이 있는 여성들은 모두가 언제 죽을지 모를 운명이었다고 해도 과언이 아니다. 엘리자베스 여왕과 인척 관계에 있으면서 스코틀랜드를 통치했던 메리 여왕의 운명도 비극적이긴 마찬가지였다. 그녀의 두 번째 남편이자 후에 엘리자베스 1세의 뒤를 이어 영국의 왕이 된 제임스 1세의 아버지인 헨리 스튜어트는 아내의 왕권을 탈취하고자 야심을 품다가 폭파 사건으로 살해되고, 그의 살해자로 공공연히 지목되는 보스웰 백작은 메리를 겁탈한 후 결혼을 하기에 이른다. 곧이어 이들의 왕권을 인정하지 못하는 스코틀랜드 반란군에 의해 메리는 한 살 밖에 안 된 아들에게 강제로 왕위를 양도하고 이들 부부는 각각 다른 곳에 감금된다. 우여곡절 끝에 탈출한 메리는 반란군과 대처하다가 패하게 되자 주변의 만류를 무릅쓰고 엘리자베스 여왕에게 와서 스코틀랜드의 왕권을 되찾을 수 있도록 도와줄 것을 요청하지만, 그녀를 자기의 왕권에 대한 도전자로 늘 생각하고 있던 엘리자베스는 그녀를 감금하고 만다. 이후 그녀는 18년의 유폐 생활을 하다가 엘리자베스 여왕의 시해를 모의했다는 죄명으로 처형된다.

1584년에 엘리자베스 1세의 살해를 우려하여 결성되었던 연합의 서약이라는 것도 있다. 의회가 주축이 되어서 발의를 하고 나라 전역에 걸쳐서 수 천 명이 서약을 했던 이 서류는 엘리자베스 1세가 살해당할 경우 그 복수를 다짐하는 내용이었다. 서약에 따르면 여왕의 죽음으로 인해 왕위 계승을 하게 된다든지 어떤 이익을 보게 될 당사자는 본인이 시해에 가담을 했든 아니든, 그 사실에 관계없이 처단되리라는 내용이었다. 쉴 새 없이 왕권이 바뀌는 궁정은 감시와 간계가 판을 치는, 언제 목숨이 날아갈지 모르는 위태로운 장소였다. 셰익스피어는 그의 비극에서 이런 정황을 긴박감 넘치게 전달하는 걸 놓치는 법이 없다. 『맥베스』에서 부왕의 살해 소식을 들은 말콤 왕자와 도날베인 왕자의 경우가 그 예이다. 이들은 부왕을 노린 칼날이 곧 그들을 향할 것임을 안다. 그래서 그들은 "구멍 곳곳에 위험이 도사리고 있어서 언제 그들을 덮칠지 모르며, 부왕이 살해된 시점에서 적법한 왕위 계승자로서 우리의 목숨은 마치 칼날 위에 놓여 있는 것과 같다."고 말하며 조금도 지체하지 않고 쏜살같이 맥베스의 성을 빠져 나가는 것이다.

부모와 자식, 남편과 아내, 친척과 친구의 관계가 어느 순간 적대 관계로 변할지 모르는 권력의 다툼 속에서 과연 거트루드는 자기와 아들의 안위를 위해 가볍게 행동을 할 수 있었을까? 엘시노어 궁정 역시 감시하고 감시당하는 체제이다. 왕과 왕비는 왕자를 감시하고, 아버지는 딸을 감시한다. 어린 시절의 친구들인 길던스턴과 로젠크란츠는 햄릿을 감시하고, 클로디어스와 폴로니어스는 오필리아를 미끼삼아 햄릿의 진심을 알아보려고 한다. 『햄릿』은 1601년에 쓰인 것으로 추정되는데, 이는 엘리자베스 1세가 죽기 2년 전이었다. 후계자가 없는 상황에서 순조로운 왕위 계승이 이루어지지 않을 때 나라 안팎에 닥쳐올 혼란은 내란에 시달린 영국인들에게는 커다란 공포로 다가왔다. 이즈음 여왕의 총애를 한 몸에 받던 에섹스 백작이 백성의 인기를 등에 업고 반란을 일으킨다. 반란은 결국 실패로 돌아가고 그는 처형되는데, 많은 평자들이 햄릿에게서 에섹스 백작의 모습을 본다. 폴란드의 비평가 얀 코트는 셰익스피어가 이 사건을 계기로 정치적 권력의 속성을 속속들이 알게 되었으리라고 추정한다. 구소련의 지배를 받던 폴란드에서 전체주의적 감시체제를 체험한 그는 햄릿의 궁정도 이와 비슷한 맥락에서 본다. 그 결과 그는 거트루드를 다음과 같이 평가했다. "거트루드는 수난과 살인, 그리고 침묵을 통과하면서 모든 것을 그녀 안에 억눌렀다. 그래서 우리는 그녀의 평온함 저변에 활화산을 감지한다."

극중의 거트루드

지금까지 거투르드를 둘러싼 평가는 극과 극을 달린다. 그녀는 타락한 요부에서부터 아들을 위해 모든 것을 감내하는 강인한 어머니까지 다양하게 해석된다. 그녀를 무책임하고 욕정에 굴복한 나약한 여성으로 보는 견해는 대체로 극중에서 유령과 햄릿이 한 말에 근거한 것이다. 특히 햄릿은 아버지의 복수보다는 어머니의 불륜과 자기 역시 그런 피를 물려 받은 더러운 존재라는 자의식에 빠져 있다. 그래서 엘리엇은 이 극이 죽은 아버지를 위한 복수를 소재로 하지만 극의 주된 정서는 어머니의 배신에 분노하는 아들이라고 평하면서, 그렇지만 그 어머니는 아들의 분노에 걸 맞는 인물이 못되기 때문에 이 극은 실패작이라고 평했다.

햄릿의 감정은 과잉되어 있고, 거트루드는 그런 햄릿의 감정을 담을 그릇이 못되는 여자라는 것이다. 그러나 이 작품을 이처럼 불륜을 범한 어머니와 그로부터 비롯된 아들의 분노로 압축시키면 극의 현실적인 배경이 되는 궁정과 정치적인 현실이 주는 폭과 깊이가 사라져버린다는 느낌을 받지 않을 수 없다.

거트루드의 행동은 여러 각도에서 해석 가능하다. 그녀는 전 남편의 동생과 무분별하게 불륜에 빠지는 여자일 수도 있고, 아들을 보호하기 위해 세인의 비난을 감수하면서도 때 이른 재혼에 동의했을 수도 있다. 그녀의 속마음이야 어쨌든 겉으로 드러난 그녀의 모습만을 보자면 그녀는 자신이나 타인의 행동을 비교적 객관적인 시선에서, 극중의 그 어떤 인물보다 정확히 보고 있다. 또 거트루드는 장황한 대사나 방백도 없이 상황에 꼭 필요한 만큼만 얘기한다. 그녀의 이런 모습은 햄릿이 자기의 슬픔과 분노에 몰입하면서 주변 사람들에게 불안감을 조성하는 것과 대조를 이룬다. 예를 들어 유령을 만난 후 햄릿은 광기 어린 행동을 하며 복수할 틈을 노린다. 햄릿의 변한 모습을 두고 클로디어스가 부왕의 죽음을 이유로 드는 반면 거트루드는 두 사람의 때 이른 결혼도 그 이유가 될 수 있다고 말하는데, 사실 그녀의 말은 핵심을 찌른 것이다.

햄릿, 클로디어스, 그리고 폴로니어스와 비교해 볼 때 상대적으로 두드러지는 그녀의 특징 중의 하나는 절제와 침착함이다. 장례식에 이어 치러진 왕과 왕비의 혼례 때문에 사람들이 모두 애도의 복장을 벗어버린 마당에 홀로 검은 옷을 입고 우울해하는 햄릿에게 그녀는 슬픔을 벗어버리고 현실로 돌아올 것을 충고한다. "살아있는 것은 모두 언젠가는 죽을 운명"이라는 그녀의 말은 남편의 죽음을 세상의 흔한 죽음 중의 하나로 폄하하는 태도로 해석될 수 있지만 동시에 그것은 자연의 법칙이기도 한 것이다. 오필리어의 아버지이자 클로디어스의 측근인 폴로니어스는 말만 앞서는 대표적인 인물이다. 그가 프랑스로 떠나는 아들 레어티즈에게 타지에 나가서 행동거지를 조심하라고 하면서 하는 말들, 이를 테면 함부로 입을 놀리지 말라든가 남의 의견을 잘 듣고 너의 판단에는 신중을 기하라는 말 등은 금과옥조로 삼을 만한 말들이지만 막상 자기 자신은 전혀 그런 말들에 미치지 못하는 행동을 한다. 클로디어스가 폴로니어스를 통해 햄릿이 미친 원인을 알아냈다고 말하자 몹시 고대하던 소식이었음을 터인데도 그녀는 별 다른 감정의 동요 없이 반응한다. "그저 짐작을 했다는 거겠지요. 부왕의 죽음이라든지, 우리들의 조급한 결혼 따위가 아니겠어요?"

결정적인 순간에 그녀가 하는 말들은 해석하는 입장에 따라 얼마든지 상반된 해석이 가능하다. 앞서 위텐베르그로 떠나려는 햄릿에게 왕의 권유를 따라서 떠나지 말고 머물라는 경우라든가, 아버지의 죽음을 너무 슬퍼하지 말라든가 하는 부분들은 그녀가 왕과 같은 편이 되었다는 표식일 수도, 혹은 왕의 분노를 자극하지 말고 현명하게 처신하게끔 도와주는 방편일 수도 있다. 내면의 의도를 드러내지 않고 타협적인 모습을 보이는 것은 가장 기본적인 정치 전략이다. 그녀의 말들은 짤막하고 단순하다. 햄릿의 광기의 원인을 알아냈다고 하면서 장황하게 서두를 꺼내는 폴로니어스에게 그녀는 "말재주만 부리지 말고 요점을 말하시오." 라고 말하거나, 오필리어를 앞세워 햄릿의 마음속에 어떤 꿍꿍이가 있는지 알아내겠다는 계획을 듣고는 "그럴 듯 하군요."하고 말할 뿐이다. 이런 태도는 햄릿을 대해서도 마찬가지이다. 미쳤다는 평판이 도는 아들이 걸어오는 모습을 보면서 그녀는 "불쌍한 햄릿이 시름에 잠겨 책을 읽으면서 오고 있네요."하는 말 한마디로 모성을 표현한 뒤 클로디어스의 지시에 따라 그 자리를 뜬다.

거트루드를 보낸 다음 클로디어스는 오필리어와 햄릿이 나누는 대화를 귀 기울여 듣는다. 그는 햄릿이 미친 것이 아니고 단지 광증을 가장하고 있다고 판단한 뒤 그를 영국으로 보내기로 결심한다. 그는 햄릿의 광기에 관한 자신의 판단과 앞으로의 햄릿을 살해할 계획을 폴로니어스에게 구체적으로 말한다. 이럴 때 클로디어스는 분명히 악당이다. 그는 왕권을 향한 야심에 불타서 조카를 죽음으로 내모는, 전형적인 찬탈자이다. 그러나 셰익스피어는 그에게도 비극적인 깊이를 부여한다. 극중극을 보고 그는 기도한다. "아, 내 죄의 악취가 하늘을 찌르는구나. 인류 최초의 무서운 저주를 받은 형제살인죄. 아, 나는 기도조차 할 수 없다…" 관객은 클로디어스의 죄의 무게와 그로 인한 고통을 실감한다. 그러나 정작 더 크게 고통과 내면의 갈등을 느껴야 마땅할 거트루드는 침묵한다. 관객은 그녀에 대한 어떤 판단도 보류할 수밖에 없다. 그러나 그녀가 침묵한다고 해서 그녀를 비정한 어머니라고 단정 지을 수 있을까? 그녀의 모성이나 클로디어스를 향한 사랑은 한 마디의 대사나 단 한 번의 행동으로 암시될 뿐이지만 그럼에도 불구하고 진정성이 느껴진다. 한 예로 오필리어에게 기도서를 읽게 하면서 "너의 상냥한 마음이 햄릿의 마음을 다시 정상으로 돌려놓을 수만 있다면 얼마나 좋겠느냐?" 하고 말할 때 그녀는 아들에 대한 걱정에 온 마음을 빼긴, 다정한 어머니의 모습을 보인다.

왕과 왕비는 극중의 모든 사건에서 긴밀히 연결되어 있는 관계이지만 여러모로 대비되는 모습을 보인다. 클로디어스는 앞의 기도에서 보았듯이 자기의 죄로 인해 고통을 받는 듯이 보이지만 결코 자기의 죄의 대가로 얻은 것들을 포기하지 않는다. 오히려 그는 자기의 왕권을 공고히 하기 위해서 햄릿을 죽음으로 몰아넣은 계획을 실행에 옮긴다. 반면 왕비는 늘 왕의 명령에 순종하지만 마음 깊은 곳에는 입 밖으로 꺼내지만 않았을 뿐 죄의식에 시달리고 있다. 햄릿이 마련한 극중극을 시청하는 왕과 왕비의 모습을 살펴보기로 하자. 햄릿이 극중극을 마련한 목적은 두 가지이다. 하나는 부왕의 살해의 장면을 연출함으로써 클로디어스로부터 분명한 증거를 얻어내기 위해서이고, 다른 하나는 왕이 죽자마자 그 동생과 결혼한 왕비의 모습을 연출함으로써 어머니에게 인간으로서 마땅히 느껴야 할 치욕을 일깨우기 위한 것이다. 극중극에서 왕비는 장황하게 몇 번을 똑같은 말을 되풀이한다. "첫 남편을 죽인 아내만이 두 번째 남편을 맞이합니다." "두 번째 남편을 바라는 것은 탐욕스런 더러운 마음입니다··" 대사가 잠시 멈추자 햄릿은 슬쩍 어머니를 떠본다. "어머니, 이 연극이 마음에 드십니까?" 그에 대한 왕비의 대답은 간결하다. "저 여인은 너무 지나치게 맹세하는 것 같구나." 반면 햄릿은 왕으로부터는 원하던 반응을 얻는다. 극중극을 보던 왕은 창백해지면서 그 자리를 뜬다. 그러나 왕비는 담담하다. 그녀는 아주 둔감한 여자이든지, 아니면 얀 코트의 지적대로 모든 것을 내면에 억누른 채 이 모든 과정을 인내하는 강인한 여성일 것이다. 그녀는 클로디어스의 애정을 자신과 햄릿의 안전을 위해 적극적으로 활용할 수는 있을 터이지만 아들을 향한 모정을 공공연히 드러낼 수는 없는 상황에 처해있다.

극중에서 동생이 왕의 귀에 독약을 부어넣은 것을 본 순간 왕은 창백해져서 일어난다. 그는 심각한 마음의 동요를 겪는 반면 여기서도 왕비는 딱 한마디만 할 뿐이다. "어찌된 일입니까?" 이어지는 내실 장면에서 거트루드는 많은 대사를 한다. 이 부분은 극의 구조상 클라이맥스를 차지하는데, 왕비의 존재가 햄릿에게 얼마만큼 중요한지, 그리고 또 왕비의 내면에서 일어나는 것들을 살펴볼 수 있는 기회가 된다. 거트루드는 폴로니어스를 휘장 뒤에 숨게 한 다음 햄릿과 대화를 시도한다. 그러나 내실로 오기 전에 이미 햄릿은 어머니의 죄를 확신하고 그녀를 단죄할 작정을 한다. 그는 어머니를 살해했다는 로마의 폭군 네로의 잔인한 영혼이 자기의 가슴 속에 들이지는 않겠다고 다짐하면서도, 이미 말로써 어머니를 매질할 것을 작정한 상태이다. 햄릿은 아버지의 대리인이 되어서 그녀의 불륜을 단죄하고자 한다. 어머니를 대면하자 햄릿은 시종일관 조롱과 협박으로 일관한다.

햄릿: 어머니, 무슨 일이십니까?

거트루드: 햄릿, 네가 아버지를 심히 언짢게 해드렸구나.

햄릿: 어머니께서 제 아버님을 매우 화나게 해드렸죠.

거트루드: 너 그게 무슨 말버릇이냔?

햄릿: 어머님 말씀은 또 왜 그렇습니까?

거트루드: 너, 그게 무슨 말버릇이냐?

햄릿: 어머니 말씀은 또 왜 그렇습니까?

거트루드: 어찌 된 일이냐?

햄릿: 무엇이 말씀입니까?

거트루드: 너, 나를 잊었느냐?

햄릿: 원, 천만에요. 당신은 왕비님이시죠. 당신 시동생의 아내시고, 또 유감스럽게도 저의 어머니십니다.

거트루드: 아, 감당할 수가 없구나. 너를 대할 만한 다른 사람을 데려와야겠다. (퇴장하려 한다.)

햄릿: (팔을 붙들면서) 진정하시고 여기 앉으세요. 거울로 어머니의 마음 속 깊은 곳까지 환히 비춰 보여 드릴 테니 꼼짝 말고 계세요.

거트루드: 무슨 짓을 하려는 거냐? 너, 나를 죽일 셈이냐? 사람 살려, 사람 살려!

왕비의 비명을 듣자 휘장 뒤에 숨어 있던 폴로니어스 역시 비명을 지르고, 햄릿은 칼을 빼어 앞뒤를 살피지도 않고 단숨에 휘장 뒤의 인물을 죽인다. 그의 성급한 행위는 앞서 그가 보였던 수없는 망설임이나 분별심과 반대되는 듯이 보이지만 그의 억제되었던 격정들이 일시에 터져 나온 것이다. 그의 마음을 더럽히지 말고, 어머니를 위태롭지도 말게 하면서 복수를 하라는 유령의 당부는 실현되지 못한다. 햄릿의 마음은 격정과 분노로 얼룩져 있었고, 이제 그 결과물이 살인이라는 형태로 나타난 것이다. 이 장면에서 햄릿은 이상할 정도로 비이성적인 태도를 보인다.

> 거트루드: 이게 무슨 짓이냐?
> 햄릿: 글쎄, 모르겠군요. 왕입니까?
> 거트루드: 잔인하고 포악한 일이다!
> 햄릿: 포악한 일 - 정녕 나쁜 일이긴 하죠, 어머니. 왕을 죽이고 그 동생과 결혼한 일처럼요.
> 거트루드: 왕을 죽여?

햄릿의 입에서 결정적인 말이 나오지만 거트루드는 딱 한 마디만 할 뿐 더 이상 이에 대한 말을 입에 올리지 않는다. 그녀는 이 순간 왕의 살해를 처음 알았을 수도 있고, 아니면 의심을 품었다가 그것을 확인하는 것일 수도 있다. "왕을 죽여?" 라는 그녀의 말을 통해 우리가 알아낼 수 있는 것은 없다. 그것은 전혀 뜻밖의 사실을 접했을 때 아무런 감정이나 생각 없이 되묻는 말일 수도 있고, 자기의 마음의 동요를 감추기 위한 반문일 수도 있다. 그러나 이미 숙부와 결혼한 것만으로도 어머니는 용서받을 수 없는 죄를 지었다고 생각하는 햄릿에게 어머니의 반응 따위는 눈에 들어오지 않는다. 그는 계속해서 무자비하게 어머니를 공격하고, 거트루드는 "왕을 죽여?"라는 수수께끼 같은 대답 이후에는 죽은 남편에 대한 말은 더 이상 하지 않는 채 "왜 나를 윽박지르느냐, 왜 내게 고함을 지르고 욕을 퍼붓느냐?" 라고 외친다. 계속되는 햄릿의 질책에 거트루드는 드디어 최초로 자기의 마음을 고백한다. "아, 햄릿, 그만해라. 너의 말은 내 마음 깊은 곳을 들여다보게 하누나. 내 마음속에 스며든 시커멓고 무성한 오점을 씻을 길이 없구나." 그러나 이런 거트루드의 고백도 클로디어스가 자기의 죄를 참회하는 것과는 일정한 차이가 있다. 햄릿은 다른 무엇보다도 거트루드의 더럽혀진 육체를 갖고 그녀를 공격한다. 그녀의 대답 역시 자기가 클로디어스와 잠자리를 함께 할 수밖에 없는 처지를 한탄하는 것이지만 그 이유가 그녀의 정욕 때문인지는 불분명하다.

분노한 햄릿에 의해 거트루드가 궁지에 몰렸을 때 다시 한 번 아버지의 유령이 나타난다. 유령은 햄릿에게 처음 자기가 했던 말을 상기시키며 겁에 질린 왕비를 보살펴 드리라고 말하고 떠난다. 햄릿은 어머니를 향한 증오와 분노를 폭발시키지만 그 밑바닥에는 물론 어머니에 대한 그만큼의 집착이 자리한다. 그렇기 때문에 정신분석학적인 관점에서 햄릿의 행동을 해석한 학자들은 이 부분을 외디푸스 콤플렉스의 전형적인 예로 들기도 하고, 로렌스 올리비에는 어머니를 향한 아들의 애증에 초점을 두어 『햄릿』을 영화화하기도 했다.

정치적 여인 거트루드

오필리어는 궁중의 권력과 관련해서 여인들의 삶을 드러내 주는 한 예이다. 그녀는 햄릿과 낭만적인 사랑에 빠지지만 아버지와 오빠의 권력으로부터 자유롭지 못하다. 폴로니어스와 레어티즈는 햄릿은 일반 사람들과 사랑을 할 수 없는 처지라고 말하며 그와의 사랑을 그만 둘 것을 그녀에게 명령한다. 그녀는 아버지와 연인 사이에서 선택을 할 수 밖에 없는데, 햄릿이 그의 사랑을 마음대로 선택하고 또 지켜나가기 힘든 상황은 거트루드의 처지와 크게 다를 바 없다. 햄릿에게 아버지가 살해당한 후 오필리어의 마음은 혼란에 빠지게 된다. 오필리어는 실성한 채 왕비와의 대면을 부탁하지만 거트루드는 이 때 유달리 연약한 모습을 보인다. 왕비가 그녀와의 대면을 거절하는 것은 그녀 마음속에 괴로움 때문이다. "죄의 시달림을 받는 자들은 모두 그럴지도 몰라 - 언제나 부질없는 두려움으로 가득 차 있는 죄진 마음은 숨기면 숨길수록 속이 드러난단 말이야."

왕비의 담대함은 오필리어의 광기와 대비된다. 아버지가 죽었다는 소식을 듣고 프랑스에서 서둘러 귀국한 레어티즈는 무리들을 규합해서 왕궁으로 쳐들어온다. 중신이 들어와 위급한 상황을 알리며 왕에게 자리를 피할 것을 권유하는데 막상 이 상황에서 담대하게 나서는 건 거트루드이다. 그녀는 지금껏 해왔던 대사와 어조를 달리하여 "기세등등하게 짖어대는 모양인데, 냄새를 잘못 맡았어! 오, 겨냥이 잘못되었소, 망나니 같은 덴마크의 개들이여." 하고 말한다. 여기서 그녀는 정말 왕의 안위를 걱정하면서 그를 보호하는 태도를 취한다. 문을 부수고 왕궁 안으로 난입한 레어티즈 일행을 가로 막고 나서는 것도 거트루드이다. 왕은 레어티즈에게 폭도를 이끌고 온 이유를 묻는데, 그 과정에서 거트루드는 재차 왕을 보호하려는 동작을 하고, 왕은 그런 왕비를 만류한다. 흥분한 레어티즈는 클로디어스에게 자기의 아버지가 어디 있느냐고 묻고, 왕은 "돌아가셨다"고 대답하는데, 이 때 거트루드는 또 한 번 "왕이 죽인 것이 아니오." 하면서 그를 보호하고 나선다.

내실의 장면 이후에 왕비는 늘 왕에게 순종적이던 모습에서 벗어나 햄릿을 보호하려는 적극적인 움직임을 보인다. 그녀는 햄릿이 미쳐서 폴로니어스를 죽였고, 나중에 참회의 눈물까지 흘렸다고 거짓말을 한다. 그녀는 햄릿을 향해서만 변화된 모습을 보이지는 않는다. 오필리어가 죽었다는 소식에 그녀는 다정한 어머니의 모습을 보이면서 아름다운 말들로 그녀의 죽음을 애도하고, 그녀의 무덤에서는 햄릿과 그녀의 못다 이룬 사랑을 슬퍼한다. 이처럼 본격적으로 드러나는 그녀의 모성은 결투의 장면에서 절정에 이른다. 햄릿이 자기 아버지의 살해범임을 안 레어티즈는 복수심에 불타서 햄릿을 죽이려고 하고, 클로디어스는 레어티즈의 복수심을 이용해서 햄릿과 결투하게 만든다. 설령 햄릿이 결투에서 레어티즈를 이기더라도 그를 합법적으로 제거할 수 있도록 왕은 독을 탄 술잔을 마련해 둔다. 결투 중간에 왕은 독배에 진주를 넣으면서 햄릿에게

잔을 건네는데, 왕비는 그 잔에 독이 들었음을 짐작한 듯하다. 로렌스 올리비에의 <햄릿>을 보면 왕비는 분명히 왕의 간계를 알아차리고 결투 장면 내내 술잔으로부터 불안한 시선을 떼지 못한다. 햄릿은 다행히 왕이 권한 술잔을 거절하고, 거트루드는 햄릿의 술잔을 들어 건배하려고 한다.

> 클로디어스: 거트루드, 마시면 안 되오.
>
> 거트루드: 마시겠어요, 허락해주세요.(술을 마시고 햄릿에게 잔을 건넨다)

마지막 장면은 그녀의 감춰둔 모성이 아낌없이 발휘되는 순간이다. 지금껏 왕의 말을 거역한 적이 없었던 이 장면에서 그녀는 자기 뜻을 관철해서 독배를 마신다. 그리고 그녀는 햄릿의 얼굴에 흐르는 땀을 닦아준 다음 쓰러진다. 그 모습을 본 햄릿이 어찌된 영문인가를 묻고, 클로디어스는 자기의 흉계가 발각될까봐 그녀가 피를 보고 기절한 것이라 말한다. 그렇지만 왕비는 죽어가면서 햄릿에게 경고한다. "아니다, 아니다, 저 술, 저 술! 오, 햄릿! 저 술, 저 술! 독을 탔어."

왕비는 죽었다. 그녀는 살벌한 궁정에서 남편의 죽음과 시동생과의 재혼, 그리고 아들의 위험을 끊임없이 목격하는 가운데 위태롭게 균형을 취하며 살았다. 그녀는 작품 내내 침묵으로 일관한다. 햄릿처럼 그녀도 거침없이 자기의 속마음을 이야기할 수 있었다면 다음의 대사에서 햄릿이 그러했듯이 그녀 역시 답답함과 침묵의 의미를 호소하지 않았을까? 극의 초반부에서 어머니는 상복을 벗지 않은 아들의 겉모습을 보고 그가 마음속에서 지나치게 슬픔에만 빠져 있으리라고 짐작해서 그에게 위로의 말을 던진다. 그러자 햄릿은 자기 마음속의 슬픔은 그 어떤 것으로도 표현될 수 없는 것이며, 자기 내면에 자리한 진실을 전할 길은 없다고 항변한다.

> 왕비: 살아 있는 것은 모두 언젠가는 죽을 운명이라는 것을 너도 알지
> 않느냐?
> 누구든 이 세상을 떠나 영원한 나라로 간다는 것을.
> 햄릿: 예, 왕비님, 저도 알고 있습니다.
> 거트루드: 그렇다면 왜 너에게만 특별한 것인 양 보이느냐?
> 햄릿: 보인다구요, 왕비님? 보이는 게 아니라 실제로 그렇습니다.
> '보인다'는 말을 전 알지 못합니다. 착하신 어머니,
> 이 검게 더럽혀진 외투만으로도, 의례적인 이 검은
> 상복만으로도, 억지로 뿜어대는 과장된 한숨으로도 불가능합니다.
> 눈에서 넘쳐흐르는 눈물로도, 슬픔으로 일그러진 표정으로도,
> 슬픔의 모든 형태, 변화, 모습들을 다 합쳐도 제 진정한 마음을
> 전할 길은 없습니다. 이 모든 것들은 겉으로 '보여주는', 누구나
> 흉내 낼 수 있는 몸짓이기 때문입니다.
> 허나 제겐 겉모습 이상의 무엇이 있으며,
> 그런 건 비통의 옷이요, 치장일 뿐입니다.

그렇다면 타락하고 욕정에 불타는 여인이라는 비난을 받는 거트루드는 어떠한가? 유령은 "음탕한 여성은 눈부신 천사와 관계를 맺는다 해도,

이읏고 천상의 잠자리에 식상한 나머지 썩고 더러운 고깃덩이를 포식한다."는 말로 동생과 재혼한 왕비를 비난한다. 햄릿 역시 "땀내 나는 더러운 잠자리에 기어들어 정담을 나누고, 더러운 돼지우리 바닥에서 서로 부둥켜안고 뒹군다."고 독설을 내뱉으며 어머니를 모욕한다. 선왕과 햄릿은 왕비와 클로디어스의 관계를 오로지 정욕에 불타는 남녀의 관계로만 폄하시킨다. 그러나 왕비로서 그녀가 처한 상황은 이보다 훨씬 복잡하며, 또 극중에서 본 그녀의 행동에는 이런 대사를 입증할 만한 부분은 찾기 어렵다. 오로지 왕과의 재혼을 두고 그녀를 속속들이 타락한 여자로 몰아가는 것은 마치 햄릿의 검은 외투만 보고 그가 의례적인 슬픔에 잠겨 있는 것으로 일반화시키는 것과 다를 바 없다. 거트루드에게는 침묵 이상의 무엇이 있지만 그것을 말로 표현할 수는 없다. 그녀의 침묵은 왕국의 왕비로서 그녀가 감당해야할 정치적인 역할, 결코 양립될 수 없는 클로디어스와 햄릿을 향한 사랑들에서 비롯된 그녀의 격정과 고뇌를 웅변한다. 침묵은 또한 그녀가 구사할 수 있는 정치적인 생존 전략이기도 했다. 현명한 군주였던 엘리자베스 여왕도 "나는 본다, 그러나 말하지 않는다."(Video et taceo) 라고 하면서 침묵을 그녀의 통치 전략으로 사용하지 않았던가.

5

사랑에 목숨 거는 여인들

-『겐지 이야기』

『겐지 이야기』는 11세기 초엽 무라사키 시키부가 쓴 일본 최대의 고전 작품이다. 전체 3부로 나뉘어 제1부는 히카루 겐지를 주인공으로 한 겐지의 사랑과 영화를 그리고 있다.

겐지는 천황의 아들로 태어났으나 어머니의 신분이 낮은 관계로 불안한 위치에 있었다. 게다가 겐지의 아버지인 기리츠보 천황은 그 어떤 후궁보다도 겐지의 어머니 기리츠보 코이를 사랑했다. 중궁을 비롯한 다른 후궁들은 기리츠보 코이를 질시했고 궁중에서 늘 마음 졸이던 기리츠보 코이는 겐지를 낳고 바로 병이 들어 죽고 만다. 겐지는 일생동안 수많은 여성들과 사랑을 나누는데 여성들에게서 어머니의 모습을 찾고자 했던 것은 아닐까 생각된다. 1부는 겐지와 아오이노 우에와의 결혼과 아오이노 우에의 죽음, 계모 후지츠보와의 사랑으로 시작하여 정적인 중궁의 이복 여동생이자 동궁비로 내정된 오보로즈쿠요와의 밀애가 발각되어 스마로 귀양을 가기까지의 겐지의 사랑과 정치적 파란을 그리고 있다.

제2부는 스마로 귀양 갔던 겐지가 이복 형 스자쿠 천황의 용서를 받고 교토로 돌아와 후지츠보와의 사이에 낳은 레제이천황의 후견인으로 준태상천황[8]이 되기까지의 영화를 그리고 있다. 스마로 귀양 갔을 때 만났던 아카시노우에와의 사이에 히메기미를 출산하고 히메기미는 후에 중궁의 지위에까지 오르게 된다. 이로써 겐지는 최대의 영화를 누리게 되는 것이다.

---

8 '태상천황(太上天皇)'이란 천황 자리에서 물러난 천황을 말한다. 즉, '준태상천황'이란 천황에 버금가는 지위를 말한다고 할 수 있다.

마지막으로 제3부는 겐지가 죽은 후 그의 자손들과 우지의 아가씨들 간의 비극적 사랑이 주된 테마이다. 3부는 무라사키시키부가 아닌 다른 사람의 작품이라는 설이 있을 정도로 1, 2부와는 작품의 성격이 달라 본편에 대한 후일담으로서의 성격을 갖는다.

『겐지 이야기』는 와카와 산문이 조화된 이야기 소설 문학으로서 최고의 가치를 인정받고 있다. 또한 4명의 제왕, 74년간의 세월, 490명의 인물이 등장하는 방대한 규모의 세계로, 이 모든 것이 웅장하고 치밀한 구성 하에 연애를 통해 인생을 관조한다는 하나의 주제로 훌륭하게 통일되어 있다. 문학의 실질면에 있어서도 이야기 소설이라는 허구의 세계를 통해 귀족사회의 사랑과 고뇌, 이상과 현실을 그려 인간의 진실을 추구하려고 한 점을 높이 평가할 수 있다. 작가 무라사키시키부는 자연과 인간사를 조화, 융합시켜 서정적인 작품세계를 구현하고 있다. 특히 등장인물의 성격, 심리묘사에 뛰어나 수많은 등장인물의 심리를 깊이 파헤쳐 그 특질을 훌륭하게 그려내고 있다. 『겐지 이야기』의 우아한 작품 세계는 에도시대의 국학자인 모토오리 노리나가에 의해 '모노노아와레'[9]라는 미적 개념으로 정리되어 고대 일본 문학의 대표적인 미의 개념으로 인식되게 되었다.

『겐지 이야기』에는 겐지를 향한 여성들의 다양한 사랑의 이야기가

---

9 '모노노아와레'란 와카나 모노가타리를 중심으로 한 헤이안 시대 문예의 미적 개념이다. 이는 소박한 감동을 나타내는 말인 '아와레'라는 감탄사에서 출발한다. 그러나 그것은 있는 그대로의 감동이 아니라 어떤 대상에 접했을 때 내면으로부터 우러나오는 우아하고 섬세하며 애수를 띤 느낌을 가리킨다.

전개된다. 이 중 몇 가지를 살펴보도록 하겠다.

지고지순한 사랑 — 무라사키노 우에

무라사키노우에는 겐지가 일생동안 가장 사랑했던 여성이다. 무라사키노우에는 겐지가 병 치료를 위해 기타야마에 있는 고승을 방문했을 때 주변을 산책하다 우연히 발견하게 된다. 당시 그녀는 10살 정도 되는 소녀였고, 어머니를 여의고 외할머니와 함께 살고 있었다. 바구니로 덮어둔 참새를 개가 쫓아 버렸다고 안타까워하는 천진난만한 와카무라사키의 모습에 겐지는 완전히 매료된다. 그녀의 모습에서 자신이 한 시도 잊지 못하는 계모 후지츠보의 모습을 발견한 겐지는 그리운 마음이 더해간다. 그 후 고승의 초대를 받은 겐지는 그 소녀가 후지츠보의 조카라는 것을 알고 깜짝 놀란다. 이에 겐지는 외할머니에게 자신에게 무라사키를 맡겨 달라고 부탁한다. 하지만 외할머니는 무라사키가 제대로 된 후견인 하나 없이 겐지의 여러 여성들 중에 하나로 후에 버림받을 수도 있다고 생각하여 겐지의 제안을 단호히 거절한다. 그러나 겐지는 포기하지 않고 계속 찾아가고 그해 가을에 병석에 눕게 된 할머니는 어쩔 수 없이 무라사키를 겐지에게 부탁하고 죽는다.

할머니가 돌아가신 후 와카 무라사키의 아버지 효부쿄노미야는 어쩔 수 없이 무라사키를 자신의 집에 데리고 가려고 한다. 이를 안 겐지는 계모가 있는 효부쿄노미야의 집에 무라사키를 보낼 수 없다고 생각해 아버지가 그녀를 데리러 오기로 한 날 아침에 마치 유괴하듯이 자신의 집으로 데리고 온다. 효부쿄노미야도 새 부인의 눈치를 살피느라 한편으로는 잘됐다고 생각하고 딸을 기꺼이 겐지에게 보낸다. 니죠인에 들어온 무라사키는 겐지를 오빠처럼 따르며 차츰 안정되어 간다. 그 후 겐지의 정실부인인 아오이노우에가 죽고 겐지는 열 다섯 살이 된 무라사키와 첫날밤을 지낸 후 행복한 결혼생활을 하기 시작한다.

무라사키노우에는 『겐지 이야기』속에서 가장 이상적인 여성상, 아내상으로 그려지고 있다. 그녀는 우아한 아름다움과 지성, 교양을 두루 갖추었고 부드럽고 자상한 마음, 모든 것을 포용하는 넓은 인품을 지닌 총명하고 슬기로운 인물로 그려진다. 또한 그녀는 남편 겐지의 현명한 조언자로서 집안 살림을 총괄하며 겐지를 보좌한다. 그런 그녀에게도 두 번의 큰 시련이 있었는데, 일부다처제였던 당시의 혼인습속 하에 무라사키노우에도 어쩔 수 없이 다른 여성과 남편의 사랑을 나누어야 하는 아픔을 겪어야 했다. 그녀의 첫 번째 시련은 스마로 귀양 간 겐지가 그곳에서 아카시노우에와의 사이에 딸을 출산한 일이다. 아이를 낳지 못하는 무라사키노우에로서는 이중의 고통이 아닐 수 없었을 것이다. 하지만 무라사키노우에는 아카시노우에를 대신해서 아카시노히메기미를 돌보고 그녀가 중궁이 되어 궁에 들어갈 때까지 묵묵히 뒷바라지를 한다. 하지만 이보다 더 큰 위기는 겐지의 실질적인 부인의 역할을 수행하던 무라사키노우에가 엄연히 있는데도 스자쿠 천황이 자신의 딸 온나산노미야를 겐지에게 결혼시키려 한 사건이었다. 겐지는 자신과 온나산노미야의 나이 차이가 너무 많이 나는 점을 들어 혼인을 거절했지만 병석에 누운 스자쿠 천황은 자신이 죽은 후에 온나산노미야를 겐지가 거두어주기를 간곡히 부탁하고, 겐지도 어쩔 수 없이 온나산노미야와의 결혼을 승락한다. 자신보다 신분이 높은 온나산노미야와 겐지와의 결혼으로 인해 무라사키노우에는 겐지의 자신에 대한 사랑을 확신하지 못하고 시름시름 앓게 된다. 자신이 아이를 낳지 못하는 점, 겐지의 정실부인이 되기에는 자신의 신분이 낮은 점 등이 그녀에게는 치유할 수 없는 상처가 되었던 것이다. 겐지의 변함없는 사랑도 그녀에게 위로가 되지 않았고 무라사키노우에는 계속해서 출가하기를 원한다. 하지만 부부라도 출가를 하면 별거를 해야 하기 때문에 겐지는 무라사키노우에의 출가를 허락하지 않고 결국 무라사키노우에는 병으로 겐지보다 먼저 세상을 뜨게 된다.

사랑하는 무라사키노우에를 잃은 겐지의 슬픔은 컸다. 그는 천진난만한 소녀시절부터 30년 간 사랑해 온 무라사키노우에를 잃고 이 세상의 모든 것이 의미가 없다고 느끼며 자신도 출가를 하고자 결심한다. 52세가 된 겐지는 젊은 시절 바람기로 인해 무라사키노우에에게 슬픔을 주었던 자신의 과거를 후회하며 자신이 가장 사랑한 여성이 무라사키노우에였음을 다시 한 번 깨닫는다.

무라사키노우에는 일부다처제의 습속 아래에서도 남편을 옆에서 묵묵히 보좌하며 자신의 자리를 지켰다는 점에서 작가 무라사키시키부가 가장 이상적이라 생각하는 여성의 모습으로 그리고 있다. 무라사키노우에는 『겐지 이야기』에 등장하는 어떤 여성보다도 겐지의 사랑을 가장 많이 받았던 여성이다. 하지만 그녀가 그러한 자신의 삶을 행복하다고 생각했는지는 의문이다. 작품 후반부에 그려진 그녀의 쓸쓸한 모습에서 든든한 후견도 없고 자식도 없는 무라사키노우에가 겐지와 같은 지체 높은 귀공자의 아내로 살아가는 것이 얼마나 힘든 일이었을까를 짐작할 수 있다.

겐지는 분명 정이 많은 사람이다. 정이 많기 때문에 한 여성에게만 정을 주지 못하고 많은 여성들을 사랑하게 된 것인지도 모른다. 때문에 본의 아니게 여성들을 울리게 만들기도 했다. 이것은 겐지가 의도한 바는 아니다. 겐지는 자신의 넘치는 사랑을 많은 여성들에게 나누어 주려고 했다. 하지만 그의 넘치는 사랑이 오히려 겐지 자신을 외롭게 만드는 요인이 되었다. 가장 사랑했던 여성 무라사키노우에조차 겐지에 대한 원망의 마음을 갖고 떠났고, 말년의 겐지 주변에는 아무도 없게 된다. 이를 두고 한 여성만을 사랑하지 않은 인과응보라고 보는 관점도 가능할 것이다. 겐지는 이에 대해 숙명이라 생각했다. 이는 『겐지 이야기』를 쓴 작가의 관점이기도 하다. 결국 『겐지 이야기』의 테마는 인생무상, 숙명, 인과응보와 같은 불교적 결론으로 끝을 맺는 것 같다.

금지된 사랑 — 후지츠보

후지츠보는 겐지의 아버지인 기리츠보 천황이 가장 사랑했던 여인이자 겐지의 어머니인 기리츠보를 잃고 슬픔에 빠져 있을 때 후궁으로 들인 여성이다. 기리츠보 천황이 그녀를 후궁으로 들인 이유는 그녀가 죽은 기리츠보와 아주 닮았기 때문이다. 그녀는 죽은 선왕의 넷째 딸로 신분도 아주 높은 여성이었다. 뿐만 아니라 뛰어난 미모를 지니고 있어 '빛나는 날의 마님'이라 불렸었다. 겐지도 '빛나는 겐지'로 통용되었듯이 아주 아름다운 외모를 비유하는 표현이다. 어머니를 여읜 겐지는 후지츠보를 친어머니처럼 따르며 좋아했었다. 그러나 그런 감정은 차차 연인을 대하는 마음으로 변하게 되고 후지츠보 역시 겐지에게 사랑의 감정을 느끼지만 기리츠보 천황에 대한 죄의식 때문에 겐지를 피하게 된다. 후지츠보를 자유롭게 만날 수 있었던 겐지는 성인식을 마친 후에는 더 이상 후지츠보를 만날 수 없게 된다. 발 너머로 어렴풋이 후지츠보를 바라볼 수밖에 없게 된 겐지의 사랑의 감정은 점점 더 증폭된다.

후지츠보가 병을 치료하기 위해 친정으로 돌아간 어느 날, 겐지는 후지츠보의 하녀 오묘부에게 후지츠보를 만나게 해 달라고 간청한다. 그리고 두 사람은 맺어지게 된다. 그 후 그녀는 겐지와의 밀회를 괴로워하며 두 번 다시 겐지와 맺어지는 일은 없으리라 결심한다. 하지만 이 한 번의 밀회로 후지츠보는 겐지의 아이를 임신하게 되고 후지츠보는 기리츠보 천황에게는 귀신에 씌워서 괴로웠기 때문에 임신을 알리지 못했다고 거짓을 고한다. 기리츠보 천황은 사랑하는 후지츠보의 임신 사실을 기뻐하고 후지츠보는 이런 기리츠보 천황을 보는 것이 더욱 괴로워진다. 또 한편으로는 혹시라도 겐지가 자신의 임신을 눈치 채지는 않을까 전전긍긍한다.

그러던 그 해 10월, 궁중에서 연회가 열리고 연회 석상에서 겐지는 친구이자 라이벌인 토노츄죠와 함께 춤을 춘다. 춤을 추는 겐지의 아름다운 모습을 본 후지츠보는 말할 수 없는 감동과 고통의 틈바구니에서 고뇌하며 이제 더 이상 옛날같이 순수한 감정으로 겐지를 바라볼 수 없는 것을 괴로워한다.

이듬해 2월 후지츠보는 겐지를 쏙 빼닮은 왕자를 출산한다. 하지만 그녀의 괴로움은 점점 더 증폭되어 몸은 점차 쇠약해진다. 게다가 중궁인 고키덴노뇨고는 왕자를 출산한 후지츠보를 더욱 경계하고 후지츠보는 아들의 미래를 위해 강하게 살기로 결심하고 계속 만남을 청해 오는 겐지를 냉정하게 거절한다. 아무 것도 모르는[10] 기리츠보 천황은 왕자가 자신이 가장 아끼는 겐지를 닮은 것을 기뻐하며 겐지에게 왕자의 장래를 부탁하기도 하고 안아보라고 하기도 한다. 이런 모습을 지켜보는 후지츠보와 겐지는 기리츠보 천황에 대한 죄의식으로 괴로워하고 피할 수 없는 숙명의 잔인함에 슬퍼한다. 기리츠보 천황은 후지츠보가 낳은 아이

10 이 부분에 대해서는 기리츠보 천황이 후지츠보가 낳은 자식이 자신의 아이라고 생각했다는 설과, 사실은 겐지의 자식이었음을 알고 있었지만 그것까지 다 포용하며 모르는 척 했을 뿐이라는 설이 학자들 사이에 갈리고 있다.

를 황태자로 하기 위해 현재의 중궁인 고키덴노뇨고를 제치고 후지츠보를 중궁으로 승격시켰다.

기리츠보 천황이 죽고 난 후, 어느 날 침실로 들어온 겐지를 거부하지 못한 후지츠보는 겐지와 다시 한 번 맺어지게 된다. 그러나 그 이후 후지츠보는 아들인 황태자를 지키고 겐지에게서 도망가기 위해 출가를 결심한다. 성대한 법화경 법회가 열린 날 후지츠보는 갑작스레 출가하여 그 자리에 모인 많은 사람들을 놀라게 한다. 겐지도 놀라움과 슬픔으로 후지츠보를 만류하려 하지만 그녀의 결심은 이미 확고했다. 그 후 후지츠보와 겐지는 더 이상의 남녀관계는 자제한 채 오로지 자신들의 아이인 레제이 천황[11]을 보좌하기 위해 마음을 합한다. 겐지는 후지츠보와 상의하여 과거의 애인이었던 로쿠죠미야슨도코로의 딸 젠사이구를 레제이 천황의 중궁으로 입궐시킨다. 후지츠보가 37세가 되던 해 병석에 누운 그녀는 겐지에게 레제이 천황의 후견인 역할을 잘 수행해 준 데 대한 감사를 하면서 최고의 영화와 최고의 슬픔을 함께 맛보았던 자신의 인생에 대해 이야기하며 생을 마감한다. 겐지는 소년시절부터 죽은 어머니의 모습을 찾아 사랑하고 따랐던 후지츠보의 죽음을 이루 말할 수 없는 슬픔으로 추모한다.

한편 어머니를 잃은 레제이 천황은 전에 어머니와 가까웠던 노승에게서 자신의 출생의 비밀을 듣게 된다. 혼란과 번민 속에 괴로워하던 레제이 천황은 자신의 실제 아버지인 겐지에게 왕위를 내주고자 한다. 겐지는

---

11 둘 사이에 낳은 아이는 후에 레제이천황이 된다.

비밀이 밝혀진데 놀라며 양위는 절대로 안 된다고 강력하게 고사한다. 결국 겐지는 천황의 후견인으로 왕에 버금가는 지위를 누리며 자신의 아들인 레제이 천황이 자리를 유지할 수 있도록 뒷받침하는 역할을 충실히 이행한다.

『겐지 이야기』는 남녀 간의 사랑 이야기 속에 궁중에서 벌어지는 정치적인 암투를 그리고 있다. 후지츠보와 겐지와의 사랑은 계모와 의붓자식 간의 사랑이라는 충격적인 소재를 다루고 있지만 한편으로는 왕위계승을 둘러싼 궁중내의 권력다툼이라는 정치적 이슈도 내포되어 있다. 하지만 겐지와 후지츠보의 금지된 사랑 이야기는 자기 스스로도 어쩔 수 없는 운명적인 사랑과 그 사랑의 대가로 치러야 할 고통의 무게를 우리에게 시사하고 있다.

질투의 화신—로쿠죠 미야슨도코로

로쿠죠미야슨도코로는 겐지보다 7살 연상이다. 그녀는 고귀한 가문의 출신으로 16세에 황태자비로 궁중에 입궐했다. 하지만 4년 후 황태자가 죽고 그 후 미망인으로 딸과 함께 궁중에서 조용히 지내고 있었다. '미야슨도코로'란 황태자비를 의미한다. 그녀는 젊은 시절 지적이고 아름다운 자태로 많은 귀공자들의 선망의 대상이었다. 겐지 역시 우아하고 아름다운 용모와 기품, 지성을 겸비한 로쿠죠미야슨도코로를 마음에 두고 구애를 계속해 결국 연인관계가 된다. 하지만 자존심이 강한 그녀와의 만남은 겐지에게 부담이 되었고 로쿠죠미야슨도코로를 찾는 겐지의 발길도 점차 뜸해지게 된다. 자의식이 강한 미야슨도코로는 매사를 지나치게 생각하는 성격이어서 자신보다 일곱 살이나 어린 겐지와 자신과의 관계를 세상 사람들이 어떻게 볼지 늘 남의 눈을 의식하는 한편, 자신이 어렵게 겐지와의 관계를 허락했는데 겐지는 자신을 점차 소원하게 대하게 되면서 그에 대한 원망이 쌓여가고 있었다. 겐지는 그런 미야슨도코로의 집착이 더욱 부담스러워지게 되고, 그러던 차에 순종적이고 청순한 유가오를 만나게 된다. 유모의 병문안을 가던 겐지는 이웃집 담 위에 청초하게 피어 있는 박꽃에 관심을 갖고 따려고 하는데 안에서 여자 하인이 부채 위에 노래를 적어 박꽃을 얹어 겐지에게 바친다. 볼품없는 집 모습과는 달리 풍류를 아는 주인에게 마음이 끌려 겐지는 점차 유가오에게 관심을 갖게 된다. '유가오'란 박꽃이란 뜻이다. 박꽃은 청초하고 가련한 여성의 이미지를 나타낸다. 유가오는 겐지의 친한 친구이자 자신의 아내인 아오이노우에의 오빠인 토노츄조가 전에 사귀다 딸까지 낳은 사이이다. 하지만 전처의 질투가 너무 심해서 유가오는 딸을 친정에 남겨두고 조용히 숨어 지내고 있었다. 로쿠죠미야슨도코로의 집착에 질린 겐지는 가녀리고 순종적인 여인 유가오에게 끌리게 된다. 유가오와의 만남이 거듭 되면서 새벽이 되면 집으로 돌아가는 것이 불편해진 겐지는 유가오를 데리고 지금은 쓰지 않는 오래된 저택으로 가게 된다. 하지만 그날 밤 질투심을 자제하지 못한 미야슨도코로는 살아있는 유령(生靈)이 되어 두 사람이 잠든 폐가에 나타나 겐지와 함께 누워 있는 유가오를 죽인다. 미야슨도코로의 영혼이 유가오를 죽인 것을 알게 된 겐지는 미야슨도코로를 더욱더 멀리하게 되고, 겐지의 마음을 돌이키기 어렵다고 느끼면서도 겐지에 대한 집착을 버리지 못하는 미야슨도코로는 고통스러운 나날을 보낸다.

미야슨도코로에게는 딸이 하나 있었는데, 이 딸이 이세신궁의 제궁[12]으로 선발된다. 겐지 가까이에서 사랑받지 못하는 괴로움을 겪느니 차라리 딸을 따라 이세로 가고 싶어 하는 미야슨도코로를 보고 기리츠보 천황은 겐지에게 자신이 딸과 같이 생각하는 미야슨도코로를 소중하게 다뤄줄 것을 부탁하면서 여자의 한은 무서운 것이니 여자에게 원망을 살 일을 하지 말도록 당부한다.

하지만 겐지가 아오이 축제 행렬에 나가게 된 날, 기리츠보 천황이 우려했던 사태가 벌어지게 된다. 축제 행렬에 참가하는 겐지의 늠름한 모습을 보고자 겐지의 아이를 잉태한 정실부인 아오이노우에와, 겐지의 모습을 몰래 보고 싶었던 미야슨도코로가 정면으로 부딪치는 사건이 발생한 것이다. 아오이노우에는 겐지의 권세에 힘입어 그의 정실부인으로서 당당히 가마를 타고 나타났으나 길을 비키지 않는 정체모를 가마를 보고 비킬 것을 명한다. 그러나 이 가마의 주인인 미야슨도코로 역시 지금은 황태자도 죽고 궁궐 한 구석에서 조용히 지내는 처지이지만

12 신을 섬기는 여성. 신분이 높은 여성이어야 하고 처녀여야 한다.

한때는 장차 중궁이 될 지체 높은 여성이었다. 미야슨도코로의 가마 역시 길을 비키지 않고 버티고 있자 아오이노우에의 하인들은 이 가마를 통째로 들어 뒤쪽으로 밀어 버렸다. 이 와중에 아오이노우에의 하인들은 미야슨도코로의 가마인줄 모르고 가마를 향해 고함을 지르기도 하고 하녀들을 끌어내리기도 하면서 굴욕을 주었다. 이 사건을 겪은 미야슨도코로는 자신의 처지를 한탄하며 겐지와 그의 부인 아오이노우에에 대해 원한을 품게 된다.

가마 사건이 있은 직후 아오이노우에는 산기를 느끼게 되고 이를 안 미야슨도코로는 자신이 가질 수 없는 겐지의 사랑 때문에 아오이노우에의 출산에 무시무시한 질투를 한다. 이러한 미야슨도코로의 원념은 자신도 모르는 사이에 몸에서 빠져나가 출산이 원만하지 않아 고통 받고 있는 아오이노우에의 집에 나타난다. 알 수 없는 혼령이 씌워진 아오이노우에는 고통에 몸부림치는데, 이때 미야슨도코로는 아오이노우에의 몸을 빌어 자신이 미야슨도코로임을 밝히고 자신이 겐지를 너무도 사랑한 나머지 질투를 참을 수 없었다고 고백한다. 결국 아오이노우에는 남자아이를 출산하고 숨을 거두게 된다.

한편 기절했다 깨어난 미야슨도코로는 자신의 옷과 머리카락에서 혼령을 쫓아내는 의식에서 쓰이는 겨자 냄새가 나는 것을 알고는 자신이 마음속의 원한이나 질투를 억제하지 못하고 혼령이 살아있는 유령이 되어 아오이노 우에를 죽게 한 것을 알게 된다. 세간에서는 겐지의 정실부인인 아오이노우에가 죽자 이제는 미야슨도코로가 정실부인이 되는 것이 아닌지 하는 소문이 돌고 있었지만 미야슨도코로가 아오이노우에를 죽게 한 것을 아는 겐지는 미야슨도코로에게 냉담하게 대하고, 이러한 겐지의 태도를 보는 미야슨도코로는 굴욕감과 절망으로 불행한 나날을 보낸다. 모든 것을 포기한 미야슨도코로는 딸을 따라 이세로 가기로 결심하고, 이러한 미야슨도코로에 대해 겐지도 옛정을 생각하며 마지막으로 그녀를 찾아간다.

미야슨도코로는 마지막 자존심 때문에 겐지를 만나는 것을 주저했지만 겐지에 대한 애틋한 사랑은 그녀의 자존심도 막지 못했다. 두 사람은 지난날을 이야기하며 눈물을 흘리기도 하면서 밤새도록 옛 추억을 되새겼다. 한때는 최고의 미모와 지성을 뽐내며 뭇 귀공자들의 선망의 대상이었던 미야슨도코로는 이제 한 남자에게 버림받고 도읍을 떠나야 하는 처량한 신세가 되었다. 이런 미야슨도코로에게 연민의 정을 느끼는 겐지는 무라사키노 우에의 경우와 마찬가지로 뜻대로 되지 않는 숙명[13]으로 인해 한 여성에게 고통과 괴로움을 준 자신의 처신에 대해 생각하게 된다.

딸과 함께 이세로 내려간 미야슨도코로는 6년 후 다시 도읍으로 돌아온다. 이제 겐지에 대한 집착을 버리고 친구관계로 지낼 것을 다짐하며 교토 로쿠죠에 있는 자신의 집을 수리하고 유유자적한 나날을 보낸다. 하지만 갑자기 병이 든 미야슨도코로는 출가하고, 이를 듣고 달려온 겐지에게 자신의 딸을 부탁하며 서른 여섯의 생을 마감한다.

---

13 이를 '숙세(宿世)'라 표현한다.

지성이나 교양 같은 것도 한 사람을 사랑하는 마음을 이길 수는 없었던 것 같다. 겐지에 대한 사랑 때문에 사람을 죽이고 자신의 인생마저도 나락으로 떨어지게 하는 미야슨도코로의 집착과 원한은 같은 여성으로서도 섬뜩한 느낌이 든다. 하지만 자신도 억제할 수 없는 잘못된 사랑 때문에 많은 것을 희생할 수밖에 없었던 미야슨도코로에 대해 한편으로는 측은한 생각이 들기도 한다. 옛날 일본 사람들은 어떤 일을 골똘히 생각하면 그 생각이 혼령이 되어 자신이 집착하는 일을 실제로 한다고 믿었었다. 우리말에도 '말이 씨가 된다'거나 '여자가 한을 품으면 오뉴월에도 서리가 내린다'고 하는 것과 일맥상통하는 바가 있다. 하지만 고대 일본에서는 이런 '살아 돌아다니는 영혼(生靈)'이나 '죽어 돌아다니는 영혼(死靈)'의 존재를 많은 사람들이 믿었었고, 그것이 문학 속에도 자주 등장하는 소재가 되었다.

미야슨도코로 뿐 아니라 일부다처의 습속 하에서 여러 여성들에게 사랑을 나누어 주어야 했던 겐지로서도 나름의 어려움이 있었을 것이다. 높은 신분과 잘생긴 외모 때문에 뭇 여성의 선망의 대상이었던 겐지는 과연 행복했을까? 일부일처제에서는 한 여자나 한 남자에게만 일생 매여야 하는 모순들을 이야기하지만, 하나의 사랑이 끝날 때마다 그 여성에게만 전념하지 못한 회한을 토로하는 겐지를 남성들은 그래도 부러워해야 할까?

겐지를 거부한 여자—우츠세미

우츠세미는 모든 여성이 일생동안 한번이라도 보고 싶어 하고 한번 보면 사랑하지 않고는 못 배긴다는 당대 최고의 귀공자 겐지를 보기 좋게 농락한 여성이다.

5월의 어느 비오는 날, 궁에 모인 남성들은 여성의 품평회를 시작했다. 남성들은 상류, 중류의 여성들에 대해 논하면서 중류계급의 여성이 연애 상대로 가장 좋다는 이야기를 하고 있다. 상류계급의 여성은 세상 물정을 모르고 만일 가세라도 기울게 되면 자존심이나 기품을 지키기가 어려워진다. 상류계급의 여성에 대해서는 기대가 큰 만큼 의외로 기대에 부응하는 우아한 여성이 많지 않다는 게 중론이다. 중류계급의 여성은 여러 종류가 있어 어느 정도의 신분으로 태어나 부족함 없는 생활을 하며 딸을 교양 있게 잘 키워서 그 딸이 혹시 궁중에 들어가 뜻하지 않은 행운을 잡는 경우도 많다고 하며 중류 여성의 좋은 점에 대해 이야기하고 있다. 하류계급의 여성들에 대해서는 아예 언급조차 하지 않고 있다.

이 품평회가 열린 다음날 겐지는 부하인 기이노카미의 집에 가서 하룻밤을 묵게 되었다. 그런데 그곳에는 이전부터 소문으로 듣고 있던 기이노스케의 젊은 아내인 우츠세미가 있었다. 우츠세미는 츄나곤의 딸로 원래는 궁중에 궁인으로 들어가기로 되어 있었으나 부모님이 일찍 돌아가시고 뒤를 밀어주는 사람도 없어 나이 든 수령의 후처가 되었다.

겐지는 지난 밤 품평회에서 중류계급의 여성이 가장 좋다는 이야기를 되새기며 이 아름다운 젊은 후처에게 지대한 관심을 갖는다. 겐지는 자신의 매력만을 믿고 한밤중에 우츠세미의 방에 몰래 숨어들어가지만 우츠세미는 좀처럼 마음을 열지 않는다. 우츠세미도 겐지의 매력을 십분 느끼며 '젊은 시절에 겐지가 대쉬를 했다면 그 사랑을 받아들였을지도 모를텐데…'하며 자신의 초라한 신세를 한탄한다. 우츠세미가 유부녀이긴 했지만, 당시는 혼인이라는 것이 지금보다는 훨씬 애매한 상태였기 때문에 임자가 있는 남녀일지라도 연애에 있어서는 상당히 자유스러웠다. 비록 남성에 비해 여성이 적극적으로 남성들과 사랑을 나눌 기회는 적었지만 여성에게도 다소의 선택의 여지는 있었다. 하지만 우츠세미는 지체 높은 겐지의 유혹에 조금도 흔들리지 않았다.

우츠세미가 겐지의 유혹에 흔들리지 않았다는 것은 결과론적인 이야기이다. 그녀라고 왜 겐지에게 끌리는 마음이 없었겠는가. 하지만 겐지와 며칠 밤을 같이 지내는 것이 무슨 의미가 있겠는가. 자신은 남동생까지 데리고 온 늙은 수령의 후처인 신세이고 겐지와는 도저히 신분이 맞지 않는 처지인 것을 잘 깨닫고 있었다. 때문에 그녀는 겐지와의 만남을 극구 피하고 있었던 것이다. 그러던 차에 집안에 여자들만 남게 되는 일이 있었다. 겐지는 이 소식을 듣고 절호의 기회라 생각하고 우츠세미의 집에 세 번째로 찾아가게 된다. 의붓딸과 바둑을 두고 있는 우츠세미를 몰래 훔쳐 본 겐지는 미인은 아니지만 그녀의 자그마하고 갸날픈 체구와 차분하고 그윽한 분위기에 매료된다. 겐지는 그날 밤 우츠세미의 남동생인 고기미의 안내로 모녀가 자고 있는 방에 들어갔다. 우츠세미 역시 겐지의 모습을 생각하며 잠 못 들고 있는데, 갑자기 웬 남자 옷 스치는 소리와 향냄새에 눈을 뜨고는 겉옷을 벗어 놓은 채로 도망가 버린다. 그 사실을 모르는 겐지는 우츠세미의 옆에서 잠자고 있는 그녀의 딸 노키바노하기를 우츠세미로 알고 무리하게 관계를 맺으려고 하나 우츠세미가 도망 간 것을 알고는 자신을 거절한 우츠세미에 대한 원망과 그녀의 단호한 태도에 할 말을 잊는다. 할 수 없이 그녀가 버리고 간 겉옷만을 가지고 돌아온다. '우츠세미'란 매미의 허물을 뜻한다. 우츠세미가 마치 매미가 허물을 벗듯이 겉옷만 벗어놓고 가 버린 것을 비유한 것이다. 그 유래가 된 노래가 다음 노래이다.

매미가 허물 벗듯 옷만 벗어버리고
떠나버린 당신이 그립기만 하구려

겐지는 처음으로 실연의 아픔을 경험한다. 그러나 단호하게 자신을 거절한 우츠세미이기에 더욱 그녀가 그리워지기도 한다. 그 후 우츠세미는 남편을 따라 이요 지방(지금의 에히메현)으로 내려가게 되고 겐지는 우츠세미에게 그녀의 옷을 전해준다. 그로부터 12년 후 오사카의 세키쇼[14]에서 우연히 우츠세미를 만난 겐지는 젊은 날 사랑했던 그녀를 그리운

14 오사카의 세키쇼는 교토와 오미 지방의 경계에 있던 관문으로, 오사카는 '아우 사카(逢坂)'라는 뜻으로 남녀의 만남을 비유하는 장소로 자주 등장한다.

마음으로 다시 보게 된다. 그 후 우츠세미의 남편은 자신의 아들들에게 우츠세미를 부탁하고 죽는다. 하지만 아들들은 젊은 어머니인 우츠세미에게 모질게 대하고 기이노 카미는 연정을 품기까지 한다. 기이노 카미의 노골적인 접근으로 자신의 기구한 운명을 한탄하던 우츠세미는 결국 비구니가 된다. 세월이 흘러 비구니가 된 우츠세미를 겐지는 자신의 니죠 히가시인에 들여 우츠세미는 이제 불도에만 전념할 수 있는 평온한 생활을 할 수 있게 되었다. 그러나 겐지는 단아한 우츠세미가 불도에 전진하는 모습을 보면서 안타까운 마음을 금치 못한다.

우츠세미의 이야기에는 작가 무라사키 시키부의 감정이 그대로 실려 있다. 무라사키 시키부는 아버지가 수령이라는 중류계급 출신이다. 그녀는 재능이 있었지만 상류 귀족이 아니었기 때문에 출세의 길은 한정되어 있었고 결혼생활도 그다지 행복하지 못했다. 그녀는 이 모든 것이 자신이 중류계급 출신이었기 때문이라 생각했던 것 같다. 궁중에서 당대 최고의 권력자인 후지와라노 미치나가의 딸인 중궁 쇼시를 측근에서 모시면서 최상류 귀족들의 일상을 보고 들었다. 이 경험이 『겐지 이야기』의 바탕이 되었는데, 중류 계급 출신의 무라사키노우에가 겐지의 사랑을 가장 많이 받게 되는 줄거리도 다분히 무라사키 시키부의 소망이 담긴 것이라 하겠다. 우츠세미 역시 중류계급 출신에다 부모의 후견도 없는 가엾은 여성이지만 현명한 처신으로 겐지를 감동시킨 영리한 여성으로 그리고 있다. 그러나 한편으로 윤리적인 틀을 벗어버리지 못하는 자신의 한계를 투영시킨 부분도 있지 않을까 하는 생각이 든다. 결국 무라사키 시키부는 현실에서 이룰 수 없는 사랑, 권력 등을 『겐지 이야기』의 다양한 등장인물을 통해 구현하며 대리만족을 얻고 있었던 것이 아닐까 생각된다.

달콤한 밀애의 대가 — 오보로즈쿠요

과일도 훔쳐 먹는 것이 더 맛있고, 사랑도 몰래 하는 것이 더 달콤하다고 하였던가? 오보로즈쿠요와의 사랑은 겐지를 정치적 곤경에 빠뜨리고 결국 이 여인과의 밀애 때문에 겐지는 스마로 귀양까지 가게 된다.

겐지가 스무 살이 되던 해, 궁중에서는 벚꽃이 만개한 것을 축하하기 위해 연회가 열렸다. 겐지는 이 연회에서 아름다운 모습으로 춤을 추어 뭇 여성들의 마음을 설레게 한다. 연회가 끝나고 밤이 깊었을 무렵 술이 덜 깬 겐지는 잊을 수 없는 여인 후지츠보의 처소를 배회한다. 그러던 중 겐지를 눈엣 가시처럼 미워하는 중궁 고키덴노뇨고 처소에 가까이 가자 문이 열려 있는 것이었다. 겐지는 고키덴노뇨고의 처소에 들어가는 것은 위험하다고 느꼈지만 뭔지 모를 이끌림에 문을 열고 안으로 들어간다. 그러자 안에서 어떤 여인이 다음과 같은 노래를 보내며 유혹한다.

휘영청 밝은 것도 아니오 구름 낀 것도 아닌
어슴프레한 봄밤의 달 같은 풍취도 없으리

『겐지 이야기』의 권명이나 등장인물의 이름에는 동, 식물에서 따온 이름들이 많다. 또한 이들의 이름은 등장인물의 성격이나 그 권에서 이야기하고자 하는 내용을 함축적으로 담고 있는 것이 대부분이다. '오보로즈쿠요'라고 하는 것은 봄밤의 희뿌연 달을 의미한다. 휘엉청 밝지도 않고 그렇다고 시커멓게 구름이 낀 것도 아닌 어슴프레하면서 은은한 빛을 보내는 봄밤의 달과 같은 풍취를 지닌 오보로즈쿠요의 매력에 겐지도 푹 빠지게 된다. 그러나 밤을 함께 지새운 오보로즈쿠요는 자신에 대해 아무런 이야기를 하지 않으며 어찌할 수 없는 운명에 속박된 자신의 처지를 한탄한다. 나긋나긋하고 섹시한 풍모를 지닌 오보로즈쿠요에게 매료된 겐지는 그녀의 정체가 궁금하지만 두 사람은 서로 부채를 교환하고 헤어지게 된다.

부채는 일본어로 '오기(扇)'라 하는데, 이는 비슷한 발음 '아우기(逢う期)'라 써서 서로 다시 만난다는 뜻을 나타낸다. 일본어의 음절은 50개밖에 없기 때문에 동음이어가 많다. 따라서 노래에서는 같은 음에 서로 다른 뜻을 나타내는 단어를 중첩시켜 시상을 표현하고 있다. 이를 '가케고토바'라고 하는데, 한 단어에 두 가지 이상의 뜻을 담는다고 하는 기법을 말한다. 부채에 다시 만난다는 뜻을 담는 것은 '가케고토바'적 표현법이라 하겠다.

그 후 그 여인의 정체가 궁금해진 겐지는 여기저기에 오보로즈쿠요에 대해 수소문을 하고 결국은 그 여자가 자신을 미워하는 고키덴노뇨고의 여동생으로 장차 황태자비로 입궐할 중요한 인물이라는 것을 알게 된다.

고키덴노뇨고가 만일 둘의 만남을 알게 되면 겐지를 절대로 가만히 놓아두지 않을 것은 자명한 일이었다. 하지만 겐지는 자신의 정치적 생명보다는 사랑을 택하는 '이로오토코(色男)'[15]였고, 오보로즈쿠요 역시 가문을 위해 사랑도 없는 정략결혼을 해야 하는 자신의 처지를 탄식하고 있던 터인지라 두 사람의 사랑은 더욱 불이 붙게 된다. 그 후 고키덴노뇨고의 가문인 우대신가의 등꽃 놀이 연회에 초대를 받아 간 겐지는 휘장 뒤에서 그를 부르는 오보로즈쿠요에 이끌려 다시 그녀와 감미로운 밀애를 즐긴다.

오보로즈쿠요의 아버지 우대신은 정실부인이 없는 겐지와 딸을 혼인시킬까도 생각한다. 하지만 겐지를 미워하는 큰 딸 고키덴노뇨고는 절대로 이를 용인하지 않는다.

얼마 후 오보로즈쿠요는 즉위한 스자쿠 천황의 후궁이 되어 스자쿠 천황의 총애를 받지만 그러는 사이에도 겐지와의 밀애는 계속 되었다. 결국 스자쿠 천황도 두 사람의 밀애를 알게 되지만 그녀를 사랑하는 마음에서 두 사람을 용서한다.

겐지는 고키덴노뇨고를 두려워하면서도 오보로즈쿠요에 대한 마음을 접지 못하고 병 치료를 위해 친정에 돌아와 있는 오보로즈쿠요와 매일 밤 만나게 된다. 그러던 어느 날 새벽녘, 천둥 번개가 심하게 치는 데 사람들이 소란스럽게 오가는 바람에 집에 돌아가지 못한 겐지는 딸이 걱정돼서 보러 온 우대신에게 들키게 된다. 분별력이 없는 우대신은

---

15 남녀 간의 정을 이해할 줄 아는 남자라는 뜻

이 사실을 고키덴노뇨고에게 고하고 고키덴노뇨고는 겐지를 몰락시킬 수 있는 절호의 기회라고 생각한다. 이를 눈치 챈 겐지는 스스로 스마에 귀양가기로 결심을 한다. 오보로즈쿠요는 아버지와 언니로 인해 겐지가 귀양을 가게 된 것이 못내 미안하고 마음이 아프다. 그녀 역시 겐지와의 밀애 사건 때문에 궁중에 들어가지 못하게 되고 세상 사람들로부터도 냉정한 대우를 받게 된다. 그 후 오보로즈쿠요는 아버지와 언니의 도움으로 다시 궁중에 들어가게 돼 스자쿠 천황의 사랑을 받게 되지만 그녀의 마음속에는 오로지 겐지에 대한 사모의 정 뿐이다.

세월이 흘러 오보로즈쿠요는 스자쿠 천황의 사랑에 눈을 뜨기 시작해 겐지와의 자유분방한 사랑을 후회한다. 스마에서 돌아온 겐지가 만나자고 해도 이전처럼 경솔한 행동을 하지 않는다. 늙어서 병이 든 스자쿠 천황은 오보로즈쿠요에 대한 사랑을 마음에 간직한 채 출가를 하고 오보로즈쿠요도 스자쿠 천황을 따라서 출가하려 하지만 허락을 받지 못한다. 그러던 어느 날 겐지는 오보로즈쿠요의 저택에 몰래 들어와 오랜만에 오보로즈쿠요를 만나 두 사람은 지나간 날의 감회에 젖는다. 이윽고 오보로즈쿠요는 출가를 하게 되고 겐지는 출가한 그녀에게 옷을 보내거나 하면서 뒷바라지를 아끼지 않는다.

젊은 날의 끓는 피로 자신을 위험에 빠뜨리게 하는 것은 젊은이의 특권이라 할 수 있다. 젊은 사람들은 순수하기 때문에 앞뒤 가리지 않고 무모한 사랑에 빠지기도 하는 것이다. 겐지나 오보로즈쿠요는 이해득실을 따지지 않는 순수한 사랑을 한 사람들이다. 그 사랑으로 인해 두 사람은 각각 큰 대가를 치르게 된다. 비록 둘의 사랑이 정당한 것은 아니었다고 해도 두 사람은 그것을 아름다운 추억으로 간직하게 된다. 오보로즈쿠요와의 사랑 이야기가 아름다운 것은 바로 그 때문이라 하겠다.

자신을 낮출 줄 아는 여성—아카시노 기미

아카시노우에는 신데렐라적인 존재이다. 그녀는 아카시라는 한적한 곳에서 조용히 살고 있었다. 그러던 중 오보로즈쿠요와의 밀애가 발각돼 스마로 귀양 온 겐지를 만나게 되면서 인생 역전의 드라마가 시작된다. 사랑하는 무라사키노우에를 두고 단출하게 시종만 데리고 한적한 스마에 온 겐지는 교토와는 완전히 다른 시골 생활에 적응하기가 쉽지 않았다. 어느 비바람이 치던 날 꿈에 아버지인 기리츠보 천황이 나타나 왜 이런 시골구석에 있느냐고 하는 질타를 한다. 바로 이때 호시탐탐 겐지를 자신의 집으로 끌어들이려고 기회를 엿보던 아카시노우에의 아버지인 아카시노뉴도가 나타나 아카시로 갈 것을 권유하고 겐지는 반가운 마음에 아카시노뉴도의 청을 받아들인다.

아카시노뉴도는 대신의 자손으로 출세를 보장받은 사람이었으나 품성이 고약하고 사람들과의 관계도 원만하지 못하여 도읍에서 출세하고자 하는 마음을 접고 지금은 출가한 지방 호족이다. 하지만 주류 사회에서의 출세를 접었다고는 해도 아카시노뉴도는 하나 있는 딸을 귀공자와 결혼시켜 가문을 일으키고자 하는 원대한 포부를 가지고 있다. 그는 스미요시 신앙을 철저히 믿으며 자신의 꿈이 반드시 이루어질 것이라 확신하고 있었다. 그의 아내와 딸은 이러한 아버지의 속된 욕망을 헛된 꿈이라 생각하고 있었지만 아카시노뉴도는 장차 자신의 딸이 귀공자와 결혼할 때를 대비해서 재물을 많이 모아놓고 있었다. 또한 딸에게는 고토[16]를 배우게 하고 고전을 읽혀서 도읍에 있는 고귀한 사람들에 비해 떨어지지 않을 만한 교양을 익히게 했다. 이러한 아카시노뉴도의 용이주도한 준비로 인해 겐지는 도읍을 떠난 한적한 시골에서 뜻하지 않게 우아하고 교양 있는 아카시노기미를 만나게 된다.

초여름 어느 날 밤, 아카시노뉴도는 자신의 딸이 비파를 잘 탄다고 겐지에게 들어볼 것을 권유한다. 그날 밤 아카시노기미가 비파 타는 모습을 본 겐지는 그녀의 우아하고 기품 있는 모습에 반해 아버지가 꿈에 나타나 자신을 아카시로 오게 한 것이 바로 이 여인을 만나게 하려는 운명의 계시였다고 생각한다. 하지만 사려 깊은 아카시노기미는 신분이 높은 겐지의 애정을 부담스러워한다. 자신은 하찮은 시골 수령의 딸에 지나지 않는다고 생각하고 겐지가 보내는 연애편지에 답장도 하지 않는다. 하지만 아버지 아카시노뉴도는 가문의 번영을 위해 딸을 무리하게 겐지와 맺어지도록 주선한다. 결국 두 사람은 부부의 연을 맺게 되고

---

16 가야금과 비슷한 현악기

교토에 두고 온 무라사키노우에가 마음에 걸린 겐지는 그녀에게 아카시노기미에 대한 이야기를 슬쩍 비춘다. 아무리 마음이 넓은 무라사키노우에라 할지라도 겐지가 다른 여성에게 한 눈을 파는 것까지 용인해 줄 리가 없다. 무라사키노우에는 겐지에게 원망 섞인 편지를 보내고 겐지는 그런 무라사키노우에게 미안한 감정을 느끼며 한동안 아카시노 기미를 찾지 않는다. 아카시노기미는 겐지가 찾아오지 않게 되자 올 것이 왔다고 느끼면서 자신의 처지를 더욱 한탄하고 슬픔에 잠기기도 하지만 가끔씩 겐지가 찾아오면 자신의 감정을 억누르고 겐지를 편안하게 맞아준다. 겐지도 그런 아카시노기미에게 점점 더 끌리게 된다.

겐지가 스마에 귀양 와 있는 동안 교토에서는 천재지변이 일어나고 겐지의 형인 스자쿠 천황에게 아버지 기리츠보 천황의 환영이 나타나 동생 겐지를 귀양 가게 한 것을 꾸짖는다. 기리츠보 천황의 환영을 본 스자쿠 천황은 눈병이 나 눈이 보이지 않게 되고 어머니 고키덴노뇨고도 병석에 눕게 되자 아버지의 유언에 따르지 않아 벌을 받는 것이라 생각하게 된다. 스자쿠 천황은 천황 자리에서 물러나 레제이 천황에게 양위하기로 결심하고 겐지를 레제이 천황의 후견인으로 하기 위해 교토로 불러들인다. 하지만 겐지의 아카시노기미에 대한 사랑은 멈출 줄 모르고 그녀는 겐지의 아이를 잉태한다. 스자쿠 천황으로부터 교토로 돌아오라는 소식을 들은 겐지는 아이를 가진 아카시노 기미를 두고 가는 것이 못내 마음에 걸린다. 그는 귀양 온 몸으로 여자와의 사이에 아이까지 갖게 된 것을 주위 사람들이 곱게 보지 않을 것을 우려해 아카시노기미를 지금은 데려가지 못하지만 나중에 반드시 교토로 데려가겠다고 약속을 한다. 아카시노기미는 겐지가 언젠가는 교토로 다시 돌아갈 것이라는 것을 처음부터 짐작하고 있었지만 그것이 현실이 된 것을 슬퍼하며 도읍으로 돌아가는 겐지가 자신과 같은 하찮은 여자를 거둬줄리 없다고 겐지의 말을 믿지 않는다. 겐지와 아카시노기미가 헤어지던 날, 두 사람은 함께 고토를 연주하고 겐지는 정표로 자신의 고토를 아카시노 기미에게 주며 이별을 아쉬워한다.

2년 만에 도읍으로 돌아온 겐지는 내대신으로 승진하여 겐지 일가는 다시 번성한다. 집으로 돌아온 겐지는 무라사키노우에와 행복한 나날을 보내며 잠시 아카시노기미를 잊고 지낸다. 그러던 어느 날 아카시노기미가 여자 아이를 출산했다. 겐지는 이전에 "세 명의 아이가 태어나, 천황, 황후, 태정대신이 될 것이다"는 예언을 들은 적이 있다. 겐지는 아카시노기미가 낳은 딸이 장차 왕후가 되리라 기대하면서 무라사키노우에에게 아카시노기미에 관한 일을 털어놓는다. 무라사키노우에는 마음이 넓은 사람이지만 아이를 낳지 못하는 그녀는 어쩔 수 없이 아카시노우에에 대한 질투를 느끼지 않을 수 없었다.

딸의 출산과 자신이 무사히 교토로 돌아온 데 대한 감사로 겐지는 스미요시 묘진에 성대한 행렬을 이끌고 참배를 하러 간다. 거기에는 스미요시 신앙을 열심히 믿고 있는 아카시노 뉴도 일행이 참배를 와 있었다. 아카시노뉴도는 오래전부터 스미요시 신앙을 열심히 믿었고, 자신의 딸이 겐지를 만나게 된 것도 모두 스미요시 신앙의 덕택이라고 믿고 있었다. 오랜만에 겐지를 본 아카시노기미는 반가운 마음을 금할 수 없었지만 겐지는 이미 자신과는 신분이 다른 먼 사람이었다. 그녀는 먼발치에서 겐지를 바라볼 뿐으로 떳떳하게 겐지 앞에 나서지 못하는 자신의 처지를 한스럽게 생각한다. 아카시노기미는 겐지에게 알리지 않고 오사카로 거처를 옮겨 버린다. 고대 일본에서 부부는 생활을 같이 하지 않는 경우가 대부분이었기 때문에 여자가 남자에게 알리지 않고 거처를 옮기는 것은 오늘날의 이혼과 같은 것이었다. 아카시노기미는 이제 더 이상 겐지에게 기대를 할 수 없음을 깨닫고 스스로 거처를 옮겨 겐지와의 관계를 정리하려고 결심한 것이다. 뒤늦게 이 사실을 안 겐지는 아카시노기미에게 교토로 오라고 재촉하는 편지를 보낸다. 하지만 자신의 처지를 비관하는 아카시노기미로서는 선뜻 그 청을 수락할 수가 없었다.

그러던 중 겐지의 저택 니죠 히가시인이 완성되고 겐지는 서쪽에 하나치루사토를, 동쪽에 아카시노기미를 살게 하려 생각했다. 아카시노기미는 시골 출신인 자신이 도읍의 신분 높은 여성들 사이에서 숨죽이며 살아야 하는 처지를 생각하며 겐지의 청을 거절하려고 하지만, 한편으로는 딸의 장래를 생각하면서 도읍으로 와야 하는 것이 아닐까 망설이게 된다. 이런지도 저러지도 못하는 채로 번민과 고뇌의 나날을 보내고 있던 아카시노기미는 딸의 앞날을 생각한 아카시노 뉴도의 주선으로 교토 교외 사가의 저택으로 거처를 옮기게 된다.

겐지는 아카시노 기미가 자신이 사는 곳 가까이로 이사를 온 것을 반기며 아카시노 기미의 저택을 찾아가 3년 만에 그녀와 재회한다. 세 살이 된 히메기미의 귀여운 모습에 겐지는 오래 머물게 되고 무라사키노우에는 겐지의 마음이 아카시노 기미에게 쏠리자 겉으로는 태연한 체하지만 마음속으로는 질투를 느낀다. 겐지는 무라사키노우에에게 미안함을 느끼면서도 히메기미의 앞날을 위해 무라사키노우에가 아카시노 히메기미를 키워줄 것을 부탁한다. 아이를 좋아하는 무라사키노우에는 히메기미를 양녀로 키울 것을 수락하지만 아카시노기미는 딸을 떠나보내야 하는 슬픔에 젖는다. 아카시노 기미는 히메기미와 떨어질 수 없어 못 보내겠다고 했지만 어머니의 설득으로 딸의 장래를 위해 히메기미를 무라사키노우에에게 보내기로 결심한다. 히메기미는 하카마기[17] 때 니죠인으로 옮겨와서 무라사키노우에의 사랑을 받으며 아름답게 성장해 간다. 겐지는 어쩔 수 없이 딸과 생이별을 해야 했던 아카시노우에의 아픔을 생각하며 가끔 그녀의 별장을 찾아가 그녀를 위로하곤 했다.

그 후 겐지의 로쿠죠인이 완성되자 겐지는 여전히 아카시노기미를 마음에 두고 북쪽 처소에 아카시노 기미가 들어와 살기를 원했다. 로쿠죠인은 겐지가 이상으로 꿈꾸었던 저택으로겐지의 영화를 상징하는 호화로운 저택이다.

겐지는 어머니 기리츠보 코이에게서 니죠인을 저택으로 물려받았으나 스마 귀양길에서 돌아온 후 니죠 히가시인을 새로 지어 살고 있었다.

17 여자아이에게 처음으로 하카마를 입히는 의식으로 성인식에 해당한다. 보통 3세 때 했는데 후에는 5세, 7세 때 거행했다.

그러던 중 애인이었던 로쿠죠미야슨도코로가 임종에 앞서 자신의 딸 아키요시 중궁의 후견역을 겐지에게 부탁하게 되고, 겐지는 아키요시 중궁을 양녀로 삼아 그녀가 물려받은 로쿠죠에 거대한 저택을 지었다. 그는 저택 전체를 네 구획으로 나누어 자신이 가장 아끼는 네 명의 여성을 살게 했다. 또한 각 구역은 춘하추동 사계절의 정취를 느낄 수 있는 풍물을 배치해 놓아 극락정토와 같은 저택을 꾸며 놓았다. 동쪽에는 가장 사랑하는 무라사키노우에와 겐지가 함께 살며 무라사키노우에가 사랑하는 봄을 느끼게 하는 풍물로 꾸며 놓았다. 서남쪽에는 로쿠죠미야슨도코로의 딸 아키요시 중궁을 살게 해서 가을의 정취로 꾸며 놓았다. 동북쪽은 여름을 느낄 수 있는 폭포나 바위를 배치해 하나치루사토를, 겨울의 정취를 느낄 수 있는 서북쪽은 겨울의 정취처럼 냉정하지만 이성적인 아카시노기미의 처소가 되었다.

로쿠죠인에 들어오기를 망설이던 아카시노기미는 딸을 가까이서 보기 위해 로쿠죠인으로 들어오게 되고 무라사키노우에와 함께 살고 있는 딸의 모습을 몰래 숨어서 보며 눈물을 흘린다. 겐지 역시 자신의 딸을 만나지도 못하고 몰래 지켜봐야 하는 아카시노기미의 처지를 안타까워하며 함께 눈물짓는다.

아카시노 히메기미가 열한 살이 되던 해 중궁으로 입궐하게 되고 이때 무라사키노우에는 아카시노 기미에게 히메기미를 보살피는 역할을 물려준다. 무라사키노우에를 처음 본 아카시노기미는 기품 있고 인자한 그녀의 아름다움에 탄복하며 오랫동안 사랑으로 히메기미를 보살펴준

은혜에 마음속으로 깊이 감사한다. 무라사키노우에 역시 매사에 겸손하고 이지적이며 차분한 매력을 가진 아카시노우에를 멋진 여성이라고 생각한다. 아카시노기미는 궁중에서 이제 딸과 함께 지내며 행복한 나날을 보내고 이 모든 것이 무라사키노우의 덕택이라 생각한다. 아카시노뉴도가 해를 안는 꿈을 꾼 계시대로 손녀 히메기미는 황태자를 출산하고 아카시 일족의 번영은 이제 확고한 것이 되었다. 아카시노뉴도는 오랫동안 꿈꾸어 왔던 가문이 부흥이 현실로 이루어지자 깊은 산 속으로 은거한다.

아카시노기미는 도읍의 귀족여성들처럼 화려하지는 않았지만 항상 자신의 신분에 걸맞게 행동하고 욕심이 없으며 매사에 겸허한 태도를 가진 여성이었다. 겐지와 아카시노기미의 만남은 어쩌면 도시의 귀공자와 시골 아가씨의 잠시 스쳐가는 인연으로 끝날 수도 있는 것이었다. 하지만 아카시노기미의 조용하고 사려 깊은 인품은 겐지와 무라사키노우에를 감동시켰고, 결국 아카시노기미는 사랑하는 딸의 출세와 딸과 함께 지내는 행복을 동시에 누리는 행운을 누리게 되는 것이다.

엇갈린 운명의 비극 — 온나산노미야

겐지는 자신을 극진히 사랑하는 아버지 기리츠보 천황을 배신하며 의붓어머니 후지츠보와 밀애를 하여 레제이 천황까지 낳는 과오를 범한다. 그런 자신의 과오에 대한 속죄처럼 두 번째로 맞이한 정실부인 온나산노미야는 겐지와의 원만하지 않은 결혼생활 때문에 자신에게 애타는 사랑을 바쳐 온 가시와기와 밀통을 하여 아이까지 낳게 된다. 애정 없는 결혼생활이 낳은 비극이라 하겠다.

온나산노미야는 겐지의 의붓형인 스자쿠 천황의 막내딸이다. 스자쿠 천황은 여러 자식 중에서도 이 딸을 가장 사랑했는데, 나이가 든 스자쿠 천황은 출가를 하고자 결심을 하나 이 딸을 생각하면 출가의 결심도 쉽지가 않다. 온나산노미야를 흠모하는 여러 젊은 귀공자들이 있었지만 스자쿠 천황은 다 성에 차지 않는다. 그가 안심하고 딸을 맡길 수 있는 것은 겐지 뿐이었다. 하지만 이제 겐지의 나이 서른아홉으로 당시로 치면 거의 할아버지인 셈이다. 온나산노미야는 이제 겨우 열네 살. 결혼 적령기이기는 하지만 둘의 나이 차이는 너무 많았다. 더구나 겐지는 그동안 파란만장했던 많은 여성들과의 교제를 접고 이제 무라사키노우에만을 바라보며 행복한 나날을 보내려 하고 있던 차였다. 온나산노미야 역시 아버지뻘 되는 겐지의 아내가 되는 것을 원치 않았다. 하지만 자신이 죽은 뒤 온나산노미야의 든든한 바람막이가 되어 줄 사람은 겐지 밖에 없다고 생각하는 스자쿠 천황은 곤란해 하는 겐지에게 무리하게 온나산노미야를 부탁한다. 형의 청을 거절하지 못한 겐지는 하는 수 없이 온나산노미야를 받아들이고 두 사람은 정식으로 혼인을 하게 된다. 그러나 두 사람의 결혼으로 무라사키노우에와 겐지의 행복했던 생활은 점차 금이

가기 시작한다.

사려 깊고 어른스러운 무라사키노우에에 비해 온나산노미야는 아직 어린 티를 벗지 못하고 분별력이 없었다. 겐지의 마음은 더욱 무라사키노우에에게 기울었지만 무라사키노우에는 신분이 높은 온나산노미야 앞에서 자신이 한없이 초라하게 느껴져 겐지에 대한 신뢰도 점점 옅어져 간다. 온나산노미야 역시 겐지의 사랑도 받지 못하고 쓸쓸한 결혼생활을 하고 있었다. 한편 온나산노미야의 열렬한 구혼자 중 하나였던 가시와기는 여전히 온나산노미야를 잊지 못하고 있었고, 그러던 중 온나산노미야가 불행한 결혼생활을 하고 있다는 소식을 접하자 그녀를 그리는 마음을 더욱 자제하지 못한다.

어느 봄날 겐지의 집에 귀공자들이 모여 공차기를 하고 있었다. 저녁무렵 앉아서 쉬고 있던 가시와기는 온나산노미야의 방을 바라보았다. 그 때 고양이가 지나가는 바람에 방 앞에 쳐진 발이 살짝 올라가 가시와기는 꿈에도 그리던 온나산노미야의 모습을 보게 된다. 하지만 그녀는 여전히 멀리서 바라볼 수밖에 없는 존재이고 가시와기는 그녀에 대한 사랑 때문에 더욱 가슴만 탄다.

그러던 즈음 서른아홉이 된 무라사키노우에가 병이 나고 겐지는 쇠약해진 무라사키노우에의 간호를 위해 그녀와 함께 니죠인으로 거처를 옮긴다. 겐지가 무라사키노우에의 병간호로 자주 로쿠죠인을 비우자 온나산노미야는 로쿠죠인에서 혼자 쓸쓸하게 지내게 되었다. 한편 가시와기는 온나산노미야의 언니 온나니노미야와 결혼을 했다. 하지만 공놀이 때 온나산노미야를 본 이후로 그녀의 모습을 잊지 못하고 괴로운 나날을 보내고 있었다. 온나산노미야에 대한 연정은 깊어만 가고 결국 가시와기는 겐지가 무라사키노우에를 간병하느라 정신이 없는 틈을 타 온나산노미야를 범한다. 가시와기는 자신이 저지른 과오에 괴로워하면서도 여전히 온나산노미야를 잊지 못한다. 온나산노미야는 갑작스런 가시와기의 기습에 놀라 자신이 처한 처지를 한탄하며 병석에 눕는다. 이를 들은 겐지는 로쿠죠인으로 달려왔지만 그 사이에 갑자기 위독해졌다는 무라사키노우에의 소식을 듣고 다시 니죠인으로 돌아간다. 온나산노미야는 형인 스자쿠 천황의 부탁이 있었기 때문에 소홀히 할 수 없는 존재였지만 그래도 겐지에게 가장 소중한 여성은 무라사키노우에였던 것이다.

그 후 겐지는 형 스자쿠 천황에 대한 예의도 있고 해서 병석에 누운 온나산노미야를 방문한다. 하지만 온나산노미야는 겐지에게 부끄럽고 미안한 마음 때문에 제대로 이야기도 못하고 겐지를 보낸다. 그러는 가운데 온나산노미야는 가시와기의 아이를 가지게 되고 겐지는 온나산노미야의 임신이 날짜가 맞지 않는 것을 이상히 여긴다. 이를 캐묻기 위해 겐지는 온나산노미야를 방문하고, 가시와기에게서 온 편지를 읽고 있던 온나산노미야는 겐지의 갑작스런 방문에 몹시 당황하게 된다. 온나산노미야는 가시와기에게서 온 편지를 기둥 틈에 숨겨 두는데 겐지가 이것을 발견한다. 겐지는 잠시 몹시 불쾌하고 허탈한 감정에 휩싸이지만, 젊은 시절 자신도 똑같은 과오를 저질렀던 것을 돌이켜보며 아내의 허물을 덮어주기로 결심한다. 그러나 스자쿠 천황의 50회 생일 축하연을 준비하는 자리에서 가시와기를 만난 겐지는 술이 취한 척하면서 그에게 비꼬는 말들을 퍼붓는다.

아직 어린 가시와기에게 있어 겐지는 어렵고 무서운 존재이다. 그런 겐지의 심사를 건드렸으니 가시와기의 두려움도 대단했을 것이다. 겐지에 대한 두려움과 양심의 가책으로 가시와기는 시름시름 앓기 시작했다. 그는 자신이 곧 죽을 것을 알고 온나산노미야에게 마지막 편지를 보내서 그녀를 향한 자신의 마음을 고백한다. 온나산노미야 역시 가시와기를 사랑하지만 자신이 저지른 잘못이 어떤 결과를 가져올지 두려워하며 가시와기와의 엇갈린 운명을 슬퍼한다. 이윽고 온나산노미야는 가오루를 출산하지만 아기와 자신에게 냉담하게 대하는 겐지를 보고 살아갈 희망을 잃는다. 그녀는 겐지에게 출가를 하게 해 달라고 부탁하지만 겐지는 스자쿠 천황을 생각하며 허락하지 않는다. 그러던 중 스자쿠 천황은 사랑하는 딸 온나산노미야가 병이 들었다는 이야기를 듣고 자신도 병중이었지만 딸을 보기 위해 로쿠죠인에 간다. 하지만 겐지가 자신의 딸에게 냉담하게 대하는 것을 보며 섭섭함을 금치 못한다. 그리고는 울며 사정하는 온나산노미야를 삭발해서 출가시킨다. 딸의 행복을 빌었건만 딸의 불행을 눈앞에 본 스자쿠 천황은 마음이 찢어지는 듯했다.

한편 온나산노미야의 출가 소식을 들은 가시와기는 이제 더 이상 생명을 부지하려는 생각도 없어져 쇠약할 대로 쇠약해 졌다. 겐지의 아들인 유기리에게 겐지에게 용서를 구한다는 것과 자신의 아내의 후견 역할을 해 줄 것을 부탁하고 죽는다. 그의 나이 겨우 서른 세 살이었다.

옛날 사람들은 작은 과실에도 온 목숨을 바칠 만큼 순수했던 것 같다. 아니면 이룰 수 없는 사랑에 대한 절망감이 더 컸을지도 모른다. 겐지도 가시와기가 죽은 뒤 모든 것이 다 자신의 과실에서 비롯된 결과라 느끼고 그를 불쌍히 여겨 일 주기 법요를 성대하게 치러 주었다. 온나산노미야가 낳은 가오루도 가시와기를 생각하며 귀여워하고 있었다. 온나산노미야를 위해서도 불도 수행을 할 수 있는 법당을 만들어 주었지만 온나산노미야는 겐지를 피해 조용히 수도생활에 정진한다. 겐지도 젊은 혈기에 후지츠보와 돌이킬 수 없는 과오를 저질렀다. 가시와기 역시 같은 실수를 저질렀다. 겐지는 이 모든 것이 운명이라 생각하고 받아들인다. 온나산노미야와 겐지, 가시와기의 이야기에서 어긋난 사랑의 아픔과 피할 수 없는 인간의 숙명에 대해 생각해 보게 된다.

6

안타까운 사랑 이야기

-『이세 이야기』

『이세 이야기』는 9세기 경 쓰여진 작자 미상의 이야기집이다. 저자에 대해서는 아리와라노 나리히라라든가, 기노츠라 유키, 미나모토노 토오루와 같은 사람들을 추정하고 있지만 본문의 내용으로 파악해 볼 때 아리와라노 나리히라일 가능성이 높다. 『이세 이야기』는 125개의 단으로 구성되어 한 남자의 성인식에서 임종에 이르는 과정을 209수의 노래를 중심으로 서술하고 있다. 각 단은 주된 노래를 중심으로 그 노래가 읊어지게 된 배경을 설명한 지문으로 구성되어 있다. 이는 노래집에서 '모노가타리'라는 이야기집으로 옮겨가는 과도기적 성격을 보여주는 것이라 하겠다.

『이세 이야기』의 내용은 니죠노기사키, 이세사이구와 같은 여성과 나리히라와의 이루어질 수 없는 사랑의 이야기가 중심이 되지만 나리히라와 관계없는 이야기도 있어 일관된 주제로 통일된 이야기집은 아니다. 하지만 전체적인 주제는 한 풍류인의 사랑과 인생을 정취있게 다루고 있다. 여기서 풍류인이라고 하는 것은 고대 일본에서는 '이로고노미(色好み)'라 표현된다. '이로고노미'란 일본 고대의 미의식의 한 표현으로 남녀 간에 서로에게 끌리는 마음을 이야기하는 것이다. 이는 특히 남자에게 요구되었던 것으로 중세의 유명한 수필 『츠레즈레구사』에서는 "모든 방면에 뛰어나도 남녀의 정을 모르는 사람은 밑이 빠진 금 잔과 같다"고 하고 있다. 아리와라노 나리히라는 당대 최고의 '이로고노미'로 평가되는 인물이다. 『이세 이야기』 1단의 내용도 성인식을 마친 주인공이 나라에 가서 우연히 아리따운 자매를 만나 그 자리에서 자신의 소매를 찢어 노래를 적어 주는 이야기가 나온다. 작가의 평은 "옛 사람들은 이렇게

열정을 담은 풍류를 이해하는 행동을 했던 것이다"라 되어 있다. 이렇게 전국 이곳저곳을 방랑하며 스치는 여성들과 노래를 주고받으며 남녀의 정을 나누는 것이 멋스러운 것으로 평가받았다.

『이세 이야기』속의 다음 다섯 이야기들을 통해 일본 고대의 여러 사랑의 모습들을 살펴보고, 남녀 간의 사랑의 감정에 있어 노래가 차지하는 역할이 얼마나 중요한지도 보기로 한다.

우물가의 사랑

『이세 이야기』 23단에 등장하는 부부의 이야기는 고대 일본에 있어 여성의 재력이 부부관계에 얼마나 큰 영향을 미쳤는지를 보여준다.

옛날 어느 시골에 이웃에 살던 남자 아이, 여자 아이가 우물가에서 놀곤 했다. 그러다 차차 나이가 들면서 부끄러움을 타기 시작하여 서로 조금씩 멀어지게 되었다. 하지만 남자는 이 여자를 꼭 아내로 맞이하고 싶어 했다. 여자도 이 남자를 마음에 두고 있었기 때문에 부모가 다른 남자와 짝을 지어주려고 해도 들으려하지 않았다. 그러던 차에 이 남자에게서 다음과 같은 노래를 보내왔다.

우물가에서 울타리에 키 재며 놀던 내 키가
홀쩍 커 버렸구나 그대 못 보는 새에

여자가 답하기를,

서로 대 보던 내 갈래머리도 어깨만큼 자랐네
당신 아닌 누굴 위해 이 머리를 올리리오

이렇게 노래를 주고받으며 드디어 둘은 결혼을 하게 되었다. 당시 노래는 남녀 사이를 이어주는 중요한 기능을 하는 도구였다. 남녀가 서로 얼굴을 보기 힘든 당시 상황에서 노래 실력은 상대의 교양수준을 가늠하는 기준이었다. 인터넷에 익숙한 현대인들은 빠른 스피드에 익숙해 있다. 메일도 전 세계에 실시간으로 전달되는 것이 당연한 것으로 되어 있다. 이에 비해 옛 사람들은 만남 후에 편지를 보내 여정을 나누고, 편지의 내용에 맞는 편지지를 선택하고, 또 그에 어울리는 계절의 꽃이나 나뭇가지를 같이 보내는 안목을 가지고 있었다. 남자는 지난밤의 만남을 서정적인 시어로 적어 보내고, 여자는 설레는 마음으로 편지를 기다린다. 일본 문학의 핵심은 이런 노래들이다. 산문은 단지 노래가 나오게 된 연유를 설명하기 위한 배경에 불과하다.

두 남녀가 결혼한 후 몇 년이 지나서 여자의 부모가 죽자 살림살이는 점차 어려워지게 되었다. 고대 일본에서는 여자 쪽 부모가 사위에게 경제적 원조를 하는 것이 일반적이었다. 여자 쪽 집안이 기울게 되면 남자는 다른 능력 있는 여자를 찾아가는 일도 흔히 있을 수 있었다. 이세 이야기에 등장하는 이들 부부도 남자가 생계를 위하여 새로운 여성을 찾아 나서게 된다. 남자는 먼저 부인과 함께 살면서 밤이 되면 이웃 마을에 있는 여자 집으로 다니게 된다. 당시 일본의 혼인제도가 남녀의 동거를 기본으로 하지 않는 자유로운 형태였고, 남자는 밤에 여자 집을 찾아가 같이 밤을 지새우고 새벽에 자기 집으로 돌아가는 형태가 일반적인 혼인의 방식이었다.

이 남자는 새로운 여자 집을 다니면서 먼저 부인이 밤마다 다른 여자에게 가는 자신에 대해 싫은 기색도 없이 보내주는 것이 이상하게 여겨지기 시작했다. 이를 수상히 여긴 남자는 여자에게 다른 남자가 생긴 것이 아닌지 의심하기 시작했다. 남자가 하루는 새로운 여자에게 가지 않고 마당 덤불 속에 숨어서 남자가 찾아오는지 지켜보았다. 그러자 아내는 화장을 예쁘게 하고 먼 산을 보며 다음과 같은 노래를 지었다.

> 바람이 불면 쓸쓸함이 더 하는 타츠다산을
> 한 밤중에 그대는 혼자서 넘는구려

이 노래를 듣던 남자는 사랑스러운 마음이 들어 이웃 마을 여인에게 점차 가지 않게 되었다. 어느 날 우연히 그 여인 마을에 갈 일이 있어 그 여자 집에 몰래 가 보았더니, 여자는 처음 남자가 다닐 때는 몸치장도 멋스럽게 잘 하고 있었으나 지금은 긴장감도 없이 자신이 직접 주걱으로 밥을 푸고 있었다. 이것은 하인들이나 하는 행동이었으므로 남자는 이 모습을 보고 정이 떨어져서 더 이상 발걸음을 하지 않게 되었다. 그러자 여자가 노래를 한 수 읊는다.

> 당신이 계신 이코마 산 쪽만 바라보겠어요
> 구름아 가리지 마오 비가 올지라도

남자가 사는 야마토 지방과 여자가 사는 타카야스 사이에 있는 이코마산을 구름이 가리지 말아달라는 여자의 소망을 담고 있다. 구름은 먼저 부인을 의미하는지도 모르겠다. 남자는 가겠다고 약속을 했지만 결국 가지 않게 되자 여자가 다시 노래를 읊는다.

> 당신 온다고 약속하신 날들도 지나버렸소
> 기대는 안하지만 그리움만 쌓이네

하지만 남자는 결국 더 이상 가지 않게 되었다. 노래가 때로는 변하는 상대의 마음을 돌려놓기도 하지만, 이 여성의 노래는 그 정도의 매력은 없었던 것 같다.

이세 이야기의 이 일화에서 알 수 있는 것은 고대 일본사회에서 부부관계는 어떤 정형이 없는 자유로운 형태였다는 것이다. 지금과 다른 점은 부인 집에서 남편에게 일정 부분 지원을 해야 했다는 점이다. 또한 먼저 부인과 동거하면서도 경제적인 이유로 다른 여성의 집을 드나드는 형태로 남녀관계를 유지한 것도 특이한 사항이라 하겠다. 이런 애매한 결혼형태는 현재 우리의 눈으로 보면 이해하기 어려운 것이지만 당시 사람들은 나름대로의 질서 속에 남녀관계를 유지했던 것으로 보인다. 하지만 상대를 구속하지 않는 이러한 자유로운 남녀관계는 당시에도 역시 사회적 약자였던 여성들에게는 불리하게 작용했다. 일본 고전문학에서 여성들이 자신의 신세를 한탄하는 문학이 많았던 것이 그 증거라 하겠다.

피로 쓴 사랑 노래

우리나라에도 6.25 전쟁 당시 남한이나 북한에 아내나 남편을 두고 분단으로 인해 다른 쪽에서 새로이 가정을 꾸리는 이야기가 많다. 1965년 개봉된 <남과 북>이라는 영화는 한국 전쟁 당시 사랑하는 사람을 찾아 남으로 내려온 북한군 소좌와 그 여자를 아내로 맞이한 한국군 대위의 우정과 이 두 사람의 한 여자에 대한 사랑을 그린 비극이다. 이 영화가 유명해 진 이유는 1983년 전국적으로 이산가족 찾기 운동이 한창일 때 이 영화의 주제가가 유행을 했기 때문이다. 서양의 영화로는 실화에 바탕을 둔 <마틴 기어의 귀향>이라는 것이 있다. 여기서는 전쟁에 나간 남편이 8년 동안 돌아오지 않고 부인은 남편을 기다리며 정조를 지킨다. 8년 후 남편이 돌아왔는데 그는 이전의 무책임하고 여자를 업신여기는 마틴 기어가 아니라 일 잘하고 부인에게 친절한 사람이 되어 있었다. 마틴 기어는 자신이 없는 동안 집안을 꾸려온 숙부와 재산 분쟁으로 법정에 가게 된다. 숙부는 마틴 기어가 가짜라고 주장하고 마틴 기어는 자신이 진짜임을 거의 입증해 가는데, 이 때 전장에서 다리를 다친 진짜 마틴 기어가 나타나 가짜 마틴 기어는 교수형에 처해진다는 이야기이다. <남과 북>과는 다소 스토리가 다르지만 전쟁이나 여러 다른 사정으로 집을 비웠던 남편이 몇 년 만에 돌아옴으로 해서 벌어지는 복잡한 상황이라는 점에서는 공통점이 있다. 『이세 이야기』 24단도 그와 같은 이야기를 노래를 중심으로 서술하고 있다.

옛날 어느 마을에 한 남자가 살고 있었는데 이 남자가 궁중에서 일을 하겠다고 집을 나간 뒤 3년 동안 돌아오지 않았다. 여자는 남편을 열심히 기다리고 있었으나 그러는 사이에 여자에게 마음이 있어 적극적으로 접근하는 남자가 있었다. 남편을 기다리다 지친 여자는 그 남자에게 "오늘 밤 우리 집으로 오세요."하고 약속을 했다. 그런데 하필이면 그 날 전 남편이 돌아온 것이다. 남편은 문을 두드리며 열어 달라고 애원했다. 그러나 여자가 문을 열어주지 않고 대신 노래를 보낸다.

> 삼 년 세월을 당신만 기다리며 지내왔어요
> 그러나 오늘 밤 새 남편을 맞이해요

이에 대한 남자의 노래

오래된 활처럼 오래도록 당신만 사랑해 왔다오
이제 당신도 나처럼 새 남편을 아끼시오

남자는 이 노래를 짓고 떠나려고 했다. 그러자 여자가 답한다.

당신 마음이 저를 향하건 아니건 오래전부터
내 마음은 당신만 따르고 있답니다

여자의 이 고백을 들어도 남자는 돌아가 버렸다. 여자는 몹시 슬퍼하며 뒤를 쫓았지만 미처 따라가지 못하고 샘물가에 엎드려 넘어졌다. 그러자 거기 있는 바위에 손톱을 깨물어 피로 다음과 같은 노래를 적었다.

나의 마음도 몰라주고 떠나는 야속한 당신
잡지 못하는 이 목숨 이제 다하려하오

이렇게 쓰고 그 자리에서 숨이 끊어졌다고 한다.

당시 남편이 집을 나가 3년이 지나도록 소식이 없는 경우 여자는 재혼을 할 수 있었다. 고대 일본의 법령집인 『령(令)』을 보면 「이미 부부관계에 있을지라도 남편이 외지에 가서 자식이 있을 경우에는 5년, 자식이 없는 경우 3년 동안 돌아오지 않거나, 혹은 도망가서 자식이 있는 경우 3년, 없는 경우 2년 돌아오지 않는 자에게는 개가를 허락한다」고 되어 있다. 이 이야기는 당시 주변에 있던 일을 노래를 곁들인 이야기 식으로 꾸민 것으로 보인다. 여자는 남편 없이 3년을 지냈는데, 남편이 돌아온 것이 하필이면 새 남자와 처음 신방을 꾸민 날이었다. 남자는 아내의 행복을 빌며 물러섰지만 아내는 여전히 남편을 사랑했다. 여자가 남자의 뒤를 따라갔지만 남자는 이미 자취가 없고 절망한 여자는 바위에 피로 쓴 노래를 남기고 죽는다는 비극적 이야기이다.

한운사 원작의 <남과 북>에서는 자신의 애인이 자신이 투항한 국군 장교임을 알게 된 북한군 소좌 장일구가 여자의 행복을 위해 이 여인을 포기한다. 자신의 생명을 구해 준 여성을 아내로 맞은 이대위 역시 그녀를 원래 애인에게 돌려보내고자 한다. 한 여성을 둘러싼 두 남자의 사랑은 결국 비극으로 끝나게 된다. 이대위는 전투 중에 전사하고 장일구 역시 괴로워하다 절벽에서 자살하고 만다.

『이세 이야기』에서는 여성의 죽음으로 끝이 났지만 <남과 북>에서는 두 남자의 비극적 죽음으로 결말이 나는 것이 다른 점이다. 서로 사랑하지만 어긋난 운명으로 인해 비극으로 끝날 수밖에 없는 슬픈 사랑의 이야기는 시대와 공간을 초월한 감동을 주는 소재인 것 같다.

이 이야기의 핵심 역시 노래에 있다. <가래나무 활, 박달나무 활, 물푸레나무 활(아즈사유미 마유미 츠기유미)…>로 시작되는 노래는 리듬감이 뛰어난 노래이다. '유미(弓)'란 활이란 뜻으로, 가래나무(아즈사), 박달나무(마유미), 물푸레나무(츠기)로 만든 활이 품질이 좋은 것으로 평가됐다. 활은 세월을 연상시키는 것으로 이 노래에서는 활에 비유해 아내와 지낸 오랜 세월을 표현하고 있다.

또 한 가지 이 이야기에서 주목할 것은, 일본에서는 죽기 직전에 노래를 한 수 남기는 데 이것을 '사세의 구(辭世の句)'라 한다. 여자 역시 남편을 향한 통절한 심정을 피로 쓴 노래로 남기는데 생을 노래로 마감하는 일본인의 모습에 풍류를 느낄 수 있다.

어리석은 여인의 사랑

옛날 어떤 남자가 깊숙한 고을까지 정처 없이 거닐었다. 거기 살던 여자는 도시 사람이 신기했던지 이 남자를 깊이 사모하게 되었다. 그 여자가 노래를 읊어 보냈다.

> 당신 그리다 죽느니 차라리 누에가 되리
> 생명은 짧더라도 부부애가 좋으니

노래가 도통 촌스러웠다. 그래도 남자는 마음이 동했는지 여자 집에 가서 하룻밤을 지냈다. 당시 남녀가 하룻밤을 지내면 남자는 보통 새벽닭이 울기 전에 자신의 집으로 가는 것이 일반적이었다. 그러나 이 남자는 여자와 한시라도 더 같이 있는 것이 괴로웠던지 한밤중에 집으로 가 버렸다. 그러자 여자가 남자에게 다음과 같은 노래를 보냈다.

날이 새면 저 몹쓸 닭을 물통에 처박아야지
한밤중에 울어서 우리 님을 보내다니

이 노래를 받은 남자는 여자의 교양 없는 노래 솜씨에 질려 버렸다. 그래서 도읍으로 향하기 전에 노래를 한 수 보낸다.

구리하라의 아네와의 소나무가 사람이라면
도읍 가는 선물로 데리고 갈 터인데

'아네와의 소나무'는 미야기(宮城)현 구리하라(栗原)에 있는 유명한 소나무다. "그 소나무 같으면 도읍으로 돌아갈 때 선물로라도 데려간다지만 당신은 그 소나무만큼도 풍류가 없으니 어찌 데려 가겠소"라는 뜻으로 읊은 노래이다. 그런데 이 여자는 이 노래의 뜻을 잘못 해석해서 이 남자가 자신을 무척 마음에 두고 데려가지 못해 못내 아쉬워하는 줄로 착각했다.

이 이야기를 보면 『이세 이야기』가 다분히 귀족들을 위한 이야기임을 느낄 수 있다. 노래를 잘 읊고 고전에 능통한 사람을 평가하면서 노래를 제대로 짓지 못하는 사람은 아주 교양이 없는 사람으로 상대도 하지 않았음을 알 수 있다. 또한 도읍에 사는 사람은 우아함을 아는 사람으로 생각했고, 이와 상대적으로 시골에 사는 사람은 풍류를 모르는 촌스러운 사람으로 보는 것이 일반적이었다. 일본 고전을 보면 이러한 도읍과 시골을 대비한 이야기들이 많이 등장한다.

이 풍류를 모르는 시골 여인의 이야기와는 반대로 『이세 이야기』 53단에는 밤을 같이 지낸 남자가 새벽닭이 울자 여자와 헤어지는 것을 아쉬워하며 다음과 같은 노래를 부른다.

어째서 닭이 이렇게도 빨리 우는 건가요
당신 그리는 내 맘은 아직 한 밤중인 것을

대부분의 사랑 이야기는 날이 새서 집으로 돌아가야 하는 처지를 닭이 빨리 울어 야속하다는 원망을 노래하는 것이 일반적인데, 앞서 15단의 여성의 이야기는 우아한 사랑 이야기를 담은 『이세 이야기』중에서도 특이한 내용이라 하겠다. 요즘은 키가 크고 몸매가 좋은 여성이 인기가 있다고 하는데, 이 시절에는 노래 실력이 없는 여성은 남자들을 만나기도 어려웠던 것을 보니 예나 지금이나 그 기준을 맞추기가 어렵기는 마찬가지인 것 같다.

도깨비에게 먹혀 버린 여자

『이세 이야기』의 모든 이야기는 "옛날 어떤 남자가 살았다"로 시작된다. 이 '어떤 남자'는 아리와라노 나리히라로 당대 최고의 시인이자 풍류가였다. 그는 천황의 아들로 태어났지만 아리와라라는 성을 하사받고 민간인의 신분을 얻어 평생을 떠돌아다니며 풍류를 즐겼다. 『이세 이야기』는 그가 각지를 다니며 여성들과 사랑을 나눈 이야기를 근간으로 하고 있다. 『이세 이야기』 6단의 '아쿠다가와'는 나리히라가 궁중에서 일하는 니죠노기사키를 업고 도망가는 이야기를 다룬 것이다.

나리히라로 추정되는 남자를 등장시켜 이 남자와 도저히 맺어질 수 없는 여성을 업고 도망가다 이 여자가 도깨비에게 잡아먹힌다는 이야기이다. 이 남자는 몇 년 동안이나 여자에게 계속해서 구애를 하다가 어느 날 밤 드디어 여자를 훔쳐서 칠흑 같이 어두운 밤길을 도망쳐 왔다. 당시 일본에도 여자를 보쌈하는 일이 있었던 것 같다. 이 남자가 아쿠다가와(芥川)라는 강가에 왔을 때 풀 위에 있는 이슬을 보고 여자가 그게 무어냐고 물었다. 아쿠다가와는 궁중에서 나오는 쓰레기들을 처리하는 하수를 말한다. 그러나 『이세 이야기』의 이 사랑 이야기가 전해지면서 차츰 세츠에 있는 같은 이름의 강을 말하게 되었다.

이슬은 해가 뜨면 사라지는 속성 때문에 일본 고전 가요에서는 덧없는 생명의 상징으로 자주 등장하는 소재이다. 이 대목에서 남자 등에 업힌 여자가 이슬을 가리키며 묻는 것은 나중에 여자가 허무하게 도깨비에게 먹혀 목숨을 잃게 되는 이야기 전개를 위한 복선이다. 이 여자도 남자가 싫지는 않았던 모양이다. 반항하지 않고 순순히 남자 등에 업혀 따라간 것을 보면.

남자가 여자를 업고 가는 도중에 갈 길은 멀고 밤도 깊어 비바람에 천둥, 번개까지 치니 남자는 다 쓰러져 가는 창고에 여자를 들여보내고 자신은 바깥에서 등에는 활 통을 메고 손에는 활을 들고 빨리 밤이 새기를 기다리며 문 앞을 지키고 있었다. 본문에는 이 부분에서 '도깨비가 여자를 한입에 삼켰다'라고 표현하고 있다. 여자는 비명을 질렀지만 천둥 소리가 요란했기 때문에 남자는 듣지 못했다. 새벽이 되어 주위가 밝아오자 남자는 창고 안의 여자가 흔적도 없이 없어진 것을 알아차렸다. 이 때 남자가 한 수 노래를 읊는다.

> 구슬인가요 무언가요 저것은, 물었던 그 때
> 이슬처럼 내 몸도 사라지면 좋았을 걸

이슬은 아름답지만 해가 뜨면 순식간에 녹아 버린다. 이슬을 가리키는 구슬이라는 의미의 '타마(玉)'와 목숨을 나타내는 '타마(靈)'가 같은 음이기 때문에 구슬에 비유되는 이슬이 덧없는 생명을 상징하는 시어가 되는 것이다. 일본 시에서는 이와 같이 같은 발음에 다른 의미를 빗대어 표현하는 표현법이 많다. 그 방법은 대체적으로 자연현상에 인간의 마음을 투영하는 경우가 많다.

이 이야기는 주인공인 나리히라가 니죠노기사키 다카이코라는 지체 높은 여성과 이루어질 수 없는 사랑으로 인해 그녀를 한밤중에 몰래 업어서 데리고 나온 이야기를 빗대어 만든 이야기이다. 모노가타리에서 등장인물의 실명을 거론하는 경우는 아주 드물다고 할 수 있는데, 이 이야기는 다음과 같은 후기가 적혀 있다.

나리히라가 다카이코를 업고 나올 때 그녀의 오빠가 어전에 나가다가 몹시 슬프게 우는 여자 소리를 듣고 가보니 나리히라가 자신의 여동생를 데리고 가는 것이었다. 다카이코의 오빠인 모토츠네는 나리히라를 제지하고 여동생을 되찾아 온다. 다카이코는 후에 몬토쿠천황의 황후가 되는데, 이 이야기는 그녀가 아직 젊어서 궁에 들어가기 전의 이야기이다.

뒤에 덧붙여진 실화로 인해 사랑하는 여성을 보쌈한다는 로맨틱하고 슬픈 설화의 분위기는 갑자기 반전된다. 결국 다카이코를 훔쳐 달아나려고 한 나리히라는 그 벌로 관동쪽으로 낙향을 하게 되고 그 이야기는 이세 이야기 중에서 가장 유명한 <아즈마 낙향기>(9단)의 설화로 기록된다. <아즈마 낙향기>에서 나리히라는 자신은 이제 쓸모없는 사람이라 생각하고 친한 친구 두 세 명과 함께 시골로 내려가게 된다. 이때 지은 노래가 유명한 다음 노래이다.

> 오랜 동안 입어서 익숙해진 옷 같은 아내여
> 그대 떠나 멀리 온 여행길이 고달프네

이 노래는 나리히라가 야츠하시라는 곳에서 창포를 보고 창포의 일본어 '카/키/츠/바/타'를 한 자씩 모두에 넣어 지은 노래이다. 우리의 삼행시를 짓는 것과 같은 방법이라 하겠다. 이 노래는 당시 최고의 가집인 『고킨와카집』에도 실려 있다. 이 노래로 더욱 유명해지기도 한 <아즈마 낙향기>는 귀인이 도읍을 떠나 지방을 떠돈다는 '귀종유리담(貴種流離譚)'의 하나이다. 일본 최고의 고전으로 꼽히는 『겐지 이야기』에서도 주인공인 히카루 겐지가 자신을 미워하는 중궁의 여동생인 오보로즈쿠요와 관계를 맺는 바람에 스마로 귀양을 가게 된다. 이들이 낙향을 하는 커다란 이유는 상대해서는 안 되는 여인을 사랑했다는 로맨스가 있지만, 그 이면에는 정치적인 권력 싸움이라는 본질적인 이유가 자리 잡고 있다. 문학은 치열한 정치권력 다툼을 때로는 우화로, 혹은 설화로 표현하여 희화한다. 그리고 그러한 권력의 이면에는 항상 여성이 존재한다. 하지만 『이세 이야기』나 『겐지 이야기』가 오늘날까지 독자들의 사랑을 받는 이유는 주인공 남자들이 정치적 도전을 두려워하지 않고 자신의 사랑을 위해 모든 것을 걸 수 있는 용기를 지녔기 때문일 것이다. 『이세 이야기』의 '아쿠다강' 이야기는 그런 나리히라의 용기 있는 모습을 보여주는 단락이다. 그와 더불어 사랑하는 여성을 잃고 슬퍼하는 그의 모습이 여성 독자들에게 더 큰 감동을 주었을 것은 분명하다.

백발 노파의 사랑

이 이야기는 나이가 들어서도 사랑의 감정을 주체하지 못하고 애태우는 노파의 이야기이다. 옛날 어느 곳에 나이가 들어서도 남자를 그리워하는 마음을 버리지 못하는 여인이 있었다. 이 여인은 어떻게 깊은 정이 있는 남자를 만날 수 없을까 궁리를 하다가 자식들에게 꾸지도 않은 꿈 이야기를 해서 마음을 떠 보았다. 꿈에 대한 설명은 본문에는 자세히 나와 있지 않지만 추측해 보건대 좋은 남자를 만난다는 계시였을 것이다. 그녀에게는 세 명의 아들이 있었는데 둘은 어머니의 말을 귀담아 듣지 않았다. 하지만 셋째 아들은 어머니의 의중을 짐작하고는 "좋은 분이 나타날 꿈이군요"라고 해몽을 해 드렸다. 그러자 어머니는 몹시 기분이 좋아졌다. 그것을 본 셋째 아들은 형들이 너무 매정하다고 생각하면서 시대의 풍류가인 나리히라와 어머니를 만나게 해 드리고 싶었다. 그래서 지혜를 짜내 나리히라가 사냥을 하러 다니는 곳에 가서 갑자기 나리히라의 말고삐를 잡고 자신의 어머니가 당신을 몹시 사랑하고 있노라고 하소연을 했다. 이 말을 들은 나리히라는 감동하여 그 여인과 하룻밤을 같이 지냈다.

일본 고전은 대체적으로 묘사가 아주 간결하다. 예를 들어 셋째 아들의 이야기를 들은 나리히라의 반응을 묘사하는 본문은 "남자는 마음이 움직여 가서 잤다"라고 너무 간결해서 다소 무미건조한 느낌을 줄 정도의 문장으로 표현되어 있다. 이는 군더더기를 싫어하는 일본인들의 깔끔함에도 기인하겠지만 그보다는 『이세 이야기』가 운문에서 산문으로 넘어가는 과도기적 작품으로 아직 소설로서 완전한 체재를 잡지 못한 이유가 더 크다고 볼 수 있다.

어머니를 생각하는 아들의 마음에 감동을 받은 나리히라는 이 노파와 하룻밤을 지내지만 그 후로는 물론 전혀 찾아가지 않았다. 그러나 이 여인은 나리히라를 잊지 못하고 그의 집에 몰래 가서 문틈 사이로 남자가 어떻게 지내고 있는지 살펴보았다. 요즘으로 치면 아마 스토커 수준이 될 것으로 생각된다. 그러자 나리히라는 여인이 올 것을 어떻게 알았는지 다음과 같은 노래를 짓는다.

백 년에 일 년 못 미칠 정도의 백발 노파가
날 그리워하나보오 눈앞에 보이기도 하니

본문에는 백발을 바다 속의 하얀 색 해조류로 표현하고 있다. 일본은 사방이 바다로 둘러싸여 있어 비유에 있어서도 바다와 관련된 것을 많이 쓴다. 마음이 혼란스러운 것을 해조류가 얼기설기 되어 있는 모습에 비유하기도 하고, 남녀가 만나는 것을 조개가 입을 다무는 것에 비유하기도 한다. 백 년에 일 년 못 미친다고 하니 이 노파가 99세는 족히 되었을 법하다. 상대가 자신을 몹시 그리워하면 그리워하는 사람의 눈앞에 그 모습이 보인다고 하는 속설이 있었다고 한다. 묘사가 단순하고 내용도 유치하지만 이 이야기에서 이야기하고자 하는 핵심은 역시 노래이다. 나리히라가 지은 노래와 그에 대한 유래를 말하고자 하는 것이 이 단락의 포인트라 하겠다. 하지만 이 이야기를 통해서 내일 모레 백 살이 되는 노인도 사랑의 감정을 가질 수 있고 진정한 풍류인은 상대의 나이를 가리지 않는다는 나름의 철학을 읽을 수 있다. 진정한 풍류인 나리히라는 자신을 그리워하여 그 결과 모습이 눈앞에 나타난 이 노파를 다시 찾아가려고 집을 나선다. 이를 지켜보던 노파는 가시나무, 탱자나무를 헤치고 온몸이 찔리는 것도 상관 않고 정신없이 집으로 달려간다.

여인의 집에 당도한 나리히라는 여자가 한 것과 똑같이 몰래 안을 들여다보니 여자는 어느새 자리에 누워 탄식하는 채 하며 다음 노래를 짓는다.

> 이부자리에 내 소매만 깔고서 오늘 이 밤도
> 그리운 임 못 만나고 홀로 밤을 지새우네

이부자리 위에 남녀가 함께 소매를 깔고 잔다는 것은 동침을 의미한다. 옛날 의복이란 몸을 보호하고 멋을 내는 것 이외에도 여러 의미를 가지고 있었다. 의복이 귀하던 시절에는 재산으로서의 가치도 있었고, 밤에는 침구의 대용으로 쓰이기도 했다. 일본의 기모노는 사각으로 만들어져 있어 펼치면 침구로 쓰기에도 안성맞춤이다. '홑 소매를 깐다'고 하는 것은 홀로 밤을 지새운다는 것을 의미하는 시어이다. 이 노래를 들은 나리히라는 여자를 안쓰럽게 생각하여 그날 밤 함께 잠을 잤다. 이에 대해 작가는 "자신이 그립게 생각하는 여자를 사랑하고 자신이 사랑스럽게 생각하지 않는 여자를 그리워하지 않는 것이 일반적인데, 이 사람은 그리워하는 여자에게도 그렇게 생각하지 않는 여자에게도 차별을 보이지 않는 마음을 가지고 있었다"고 하며 나리히라의 넓은 마음을 칭송하고 있다.

『겐지 이야기』에도 비슷한 일화가 있다. 당대의 귀공자인 겐지는 아름다운 여성들만이 아니라 얼굴이 못생긴 여자와도 인연을 맺고, 또 그

인연을 소중히 했다. 『겐지 이야기』에는 스에츠무하나라는 추녀가 등장하는데 이 여인은 얼굴이 이상하리만치 허옇고 코끝이 빨개서 잇꽃(스에츠무하나)에 비유되고 있다. 하지만 귀족 출신인 그녀는 한학에 능통하여 겐지는 이 여인의 학식이 뛰어난 점에 매료된다. 겐지는 스에츠무하나를 모시는 하녀의 재치로 얼굴을 보지 못한 채 하루 밤을 지낸다. 하지만 눈이 온 날 천진한 스에츠무하나는 창문을 열어 눈을 보고 기뻐하고 이때 겐지는 그녀의 못생긴 얼굴을 보게 된다. 그 후 겐지가 그녀와 잠자리를 같이 하지는 않았지만 그 후로도 후견인이 없는 그녀를 정성껏 보살핀다. 나리히라나 겐지는 오늘날 우리의 관점에서 보면 왕의 아들이라는 높은 신분으로 태어나 뭇 여성들을 희롱한 카사노바 정도로 보이지만 당시 사람들에게는 여성을 조건에 관계없이 평등하게 대하는 멋진 풍류아로 인식되었을 것이다. 여성의 외모나 직업, 경제력이 사랑의 감정보다 우선시되는 요즘 세태에 비추어보면 이들의 사고방식이 훨씬 건전하다고 할 수 있다.

7

권력에 짓밟힌 여인의 운명

-『헤이케 이야기』

『헤이케 이야기』는 일본 역사상 최대의 전투였던 헤이케와 겐지의 싸움을 소재로 한 이야기이다. 원래는 시나노젠지 유키나가가 만든 헤이쿄쿠(平曲)라는 곡조를 쇼부츠(生佛)이라고 하는 맹인에게 읊게 한 것으로 『헤이케 이야기』는 읽기 위한 것과 낭독하기 위한 것의 두 가지 계통이 있다. 이 중 현재 널리 보급되고 있는 것은 낭독하기 위한 것이다.

내용은 헤이케 일문의 흥망성쇠를 불교의 무상관에 기조를 두고 그리고 있다. 『헤이케 이야기』의 서두는 다음과 같이 시작된다.

기원정사의 종 소리
제행무상의 울림 있네
사라 나무의 꽃의 색은
성자필쇠의 이치를 말한다

뽐내는 자는 오래 가지 않으니
단지 봄날 밤의 꿈과 같다
용맹한 자도 종국에는 망하니
오직 바람 앞의 먼지와 같다

7 · 5조의 유려한 곡조에 한시의 대구법을 쓴 명문이다. 헤이안 시대 이후에 유행하기 시작한 정토신앙에 바탕을 둔 불교 찬가와 게송형식을 취하고 있다. 과거, 현재, 미래의 삼세를 표류하는 만물이 상주하지 못하고 시시각각 유전하며 한 곳에 머무르지 못한다는 우주적 이치를 설파하는 이 문장은 후대의 많은 사람들에게 영향을 미쳤다.

『헤이케 이야기』에는 주요한 역사적 사실과 함께 전쟁 이야기, 연애 이야기, 출가 이야기, 일본과 고대 중국의 설화 등의 여러 이야기를 담고 있다. 특히 등장인물들이 생동적으로 그려지고 있는 점은 고대 소설과 다른 『헤이케 이야기』의 장점이라 할 수 있다. 『헤이케 이야기』에는 여성에 대한 몇 가지 이야기들이 실려 있는데 이들 일화의 공통점은 권력의 틈바구니에서 기구한 삶을 살 수밖에 없는 여성들의 운명을 불교적 무상관에 바탕을 두어 기록하고 있다는 점이다. 전쟁과 권력의 암투 속에서 운명에 희롱당하는 여성의 삶을 다음의 몇 가지 이야기에서 살펴 보도록 한다.

헤이케 비극의 상징 — 겐레이몽인

『헤이케 이야기』의 마지막 부분 「간쵸노마키」는 단노우라에서 헤이케의 군사들이 모조리 몰살되고 마지막 장수까지 참수당하는 비극을 겪은 겐레이몽인의 이야기를 담고 있다. 겐지군에게 쫓긴 헤이케 군사들은 시모노세키의 단노우라에까지 밀려가게 된다. 승승장구하는 겐지의 병력에 비해 헤이케쪽은 패전의 기운이 짙어진다. 이윽고 겐지의 군사들이 헤이케의 배로 차례차례 옮겨 타서는 헤이케의 군사들을 활을 쏘아

죽이기도 하고 칼로 베어 죽이기도 한다. 이제 전세는 완전히 겐지의 승리로 보였다. 어린 안토쿠 천황과 함께 배를 타고 도망가던 천황의 외조모 니이도노는 이제 헤이케의 운명이 다했음을 직감하고 죽음을 각오한다.

> 나는 비록 여자이기는 하나 적의 손에 죽지는 않을 생각이다. 천황과 함께 갈 것이다. 천황에게 충의를 바치고 주군을 따르려는 자는 어서 나를 따르라.

니이도노는 이렇게 외치며 뱃전으로 나아갔다. 안토쿠 천황 나이 이제 겨우 여덟 살이다. 천왕은 놀란 표정으로 "할머니 저를 어디에 데리고 가려 하십니까?"하고 묻는다. 어린 손자에게 할머니는 눈물을 머금으며 다음과 같이 이야기한다.

> 임금께서는 아직 모르시겠지만 전생에 행한 10가지 선행[18], 계행[19]의 힘에 의해 현세에 천자로 태어나셨으나, 어떤 악연에 이끌리어 이제 운이 다 한 것으로 보입니다. 우선 동쪽을 향해 이세 대신궁[20]에 작별 인사를 올리시고, 그 후에 서방정토의 불, 보살을 맞아들이시도록 서쪽을

---

18 불교에서 십악(十惡)을 행하지 않는 것을 일컬음. 불살생(不殺生), 불투도(不偸盗), 불사음(不邪婬), 불망어(不妄語), 불기어(不綺語), 불악구(不惡口), 불양설(不兩舌), 불탐욕(不貪慾), 불진에(不瞋恚), 불사견(不邪見)을 지키는 것을 가리키며 전세(前世)에서 십악을 행하지 않은 과보(果報)로 현세에 받는다는 천자(天子)의 지위를 얻는다는 뜻.

19 계를 받은 뒤에 계법(戒法)의 조목에 따라 이를 실천·수행함을 이른다.

20 '이세신궁(伊勢神宮)'은 대대로 일본 황실의 조상신을 모셔둔 신사

향해 염불을 외십시오. 이 나라는 좁쌀을 뿌려 놓은 듯 작은 나라[21]이니까 극락정토라는 좋은 곳이 있으니 그곳으로 모시고 가겠습니다.

이렇게 이야기하고는 흐느낀다. 어린 천황은 눈물을 하염없이 쏟으면서도 작고 귀여운 두 손을 합장하여 우선 동쪽을 향해 절을 하고 이세대신궁에 작별 인사를 올리고 그 후 서쪽을 향해 염불을 외는 것이었다. 이런 천황을 끌어안고 니죠도노는 바다 밑에도 도읍이 있다고 하며 천 길 물속으로 뛰어들었다.

헤이케 이야기는 서문에 나와 있는 것처럼 이 세상의 권력과 부귀영화가 한낮 봄꿈과 같이 덧없는 것임을 설파하고 있다. 그리고 그 클라이맥스가 단노우라에서의 헤이케의 몰살 장면이라고 하겠다. 또 한 사람 단노우라 비극의 주인공은 안토쿠 천황의 어머니 겐레이몽인이다. 그녀도 아들과 어머니의 뒤를 이어 물에 뛰어들지만, 겐지의 병사인 므츠루에게 구조된다. 겐지의 장수 요시츠네에게 넘겨진 겐레이몽인은 교토로 돌아와 숨어 지내다가 결국 출가한다. 교토에서도 깊은 산속 오하라에 들어간 겐레이몽인은 죽은 아들 생각을 지울 수가 없어 슬픔과 괴로움의 나날을 보내고 있었다. 그러던 어느 날 시아버지인 고시라카와법황이 오하라로 찾아온다.

고시라카와 법황이 겐레이몽인이 지내고 있는 암자를 보니 초라하기 짝이 없었다. 겐레이몽인은 산으로 꽃을 따러 가고 없다는 이야기를 들은 법황은 한때 중궁이라는 여자로서는 최고 지위에 있던 겐레이몽인이

21 '粟散辺地', 일본을 지칭할 때 쓰이는 관용표현

지금은 그런 일을 시킬 사람조차 없이 지내는 것을 안스러워 한다. 이윽고 산에서 내려온 겐레이몽인의 누추한 모습에 법황은 더욱 더 마음이 아파온다. 여기에 이어지는 법황과 겐레이몽인의 대화는 불교 사상에 기반을 둔 『헤이케 이야기』의 사상세계를 잘 드러내 주고 있는 대목이다.

법황은 겐레이몽인에게 교또로 함께 가기를 청하지만 겐레이몽인은 자신은 살아서 '육도(六道)'를 경험했기 때문에 돌아갈 수 없다고 이야기한다. 육도란 불교에서 깨달음을 얻지 못한 무지한 중생이 윤회전생(輪廻轉生)하게 되는 6가지 세계를 말하는 것으로, 가장 좋지 못한 지옥도(地獄道)에서 시작하여, 그 다음이 아귀도(餓鬼道), 축생도(畜生道), 아수라도(阿修羅道) 또는 수라도, 인간도(人間道), 천상도(天上道)의 여섯 개의 세계, 혹은 경계를 말한다. 겐레이몽인은 천황의 어머니로서 영화의 한 가운데 있을 때에는 천상계를 경험했고, 그 후 겐지군에게 쫓겨 도읍을 떠나 여러 곳을 떠돌아다닐 때에는 인간계의 고통을 모두 경험했다. 한 때는 무로야마, 미즈시마 등지에서 승리하기도 했지만 이치노타니에서 많은 사람들이 죽은 일과 그 후에 계속되는 전투는 그야말로 수라도의 삶이었다. 모지, 아카마에서 패전이 결정적으로 된 때, 겐레이몽인의 어머니가 "살아남아서 죽어간 사람들의 명복을 빌어 주시오"라 말하며 어린 황제를 달래며 바다로 뛰어 들었을 때는 지옥도를 눈앞에 보았다. 겐지와의 격전 속에 살아서 육도를 경험했다고 하는 겐레이몽인의 이야기에 법황과 주변 사람들은 모두 눈시울을 붉힌다.

시아버지인 고시라카와 법황을 보낸 겐레이몽인은 일행을 배웅한 후에 바로 본존 앞에 앉아 헤이케 일문의 죽은 영혼들을 위해 보리를 기원한다. 그녀는 자신의 사명이 죽은 사람들을 위한 기도를 해 주는 것임을 다시 한 번 마음에 새기지만, 한편으로는 궁중에서 지내던 생활을 그리워하며 과거의 영화를 회상하기도 한다. 『헤이케 이야기』의 마지막은 겐레이몽인의 서거와 왕생, 더 나아가서는 헤이케 일문의 망령들의 성불을 기원하면서 이야기를 끝맺고 있다. 『헤이케 이야기』의 마지막 부분은 헤이케 일가의 영화의 상징으로 아버지의 악행을 대신 짊어지고 속죄의 삶을 산 겐레이몽인의 죽음으로 끝남으로써 권력의 무상함과 불도에 정진함으로써 업보를 씻고 왕생을 얻는 불교적 세계관을 피력하고 있다. 겐레이몽인의 삶이 그러한 중생의 대표적인 삶인 것이다.

버림받은 여인 — 기오

『헤이케 이야기』 전반의 구상과 관련된 겐레이몽인과 달리 기오는 등장하는 장면이 지극히 한정되어 있다. 하지만 그녀의 이야기 역시 『헤이케 이야기』의 주제를 단적으로 보여주는 예라 하겠다. 『헤이케 이야기』의 주인공인 기요모리의 다음과 같은 오만함이 기오의 비극적 운명을 만들어 낸다.

기요모리는 일천사해(一天四海)를 손아귀에 쥐고 세상 사람들의 비난에도 아랑곳하지 않고 이해할 수 없는 일들만 저지르고 있다.

천황의 외척으로, 또 신하로서 최고 관직에 있으면서 기요모리는 자신에게 대항하는 많은 사람들을 죽이고, 결국 그들의 원한으로 열병에 걸려 죽고 만다. 기오는 뛰어난 용모를 지니고 춤을 잘 추는 시라뵤시[22]였다. 아름다운 그녀는 기요모리의 총애를 받게 되어 어머니와 여동생과 함께 영화를 누리게 된다. 그러나 영화의 절정에 있던 기오 모녀는 가가지방 출신의 시라뵤시 호토케고젠의 등장으로 나락으로 떨어지게 된다. 그런 의미에서 기오의 이야기는 『헤이케 이야기』 전편의 주제와 통하는 부분이 있다.

겨우 열여섯 되는 호토케고젠이 교토로 오게 된 것은 자신의 재능에 자부심을 가지고 기요모리에게 천거되기를 기대했기 때문이다. 사람들은 "옛부터 많은 시라뵤시가 있었지만 이렇게 멋진 춤을 본 적이 없다"고 하면서 떠들어댔다. 호토케고젠도 "나는 천하에 유명한 시라뵤시인데 그렇게 권세를 떨치는 기요모리 댁에 한 번도 부름을 받지 못한 것은 유감이다. 부름을 받들지 않아도 그냥 찾아가는 것이 본디 유녀가 할 일, 못 갈 것이 무엇이냐. 한번 가 보리라."하고 기세 좋게 기요모리 댁으로 찾아 갔다. 그러나 기오에게 푹 빠진 기요모리는 호토케고젠을

---

22 헤이안 말기부터 가마쿠라 시대에 걸쳐 행해지던 가무를 춤추던 유녀를 가리킴. 흰 칼을 차고 남장을 하고 노래하면서 춤추고 반주로는 작은 북과 때로는 피리 등을 이용했다.

거들떠 보지도 않는다. 기요모리는 기오가 있는 곳에는 신이나 부처라도 들일 수 없다고 호토케고젠을 쫓아 버리려고 한다. 그러자 기오는 다음과 같이 이야기하며 기요모리를 설득시킨다.

> 유녀가 찾아오는 것은 늘상 있는 일이옵니다. 게다가 나이도 어린 것 같으니 이렇게 왔는데 매정하게 돌려보내는 것은 너무 불쌍하옵니다. 얼마나 부끄럽고 가엾은 일이겠습니까. 시라뵤시는 제가 생계를 꾸리던 길이기도 하오니 남의 일 같지 않습니다. 비록 춤이나 노래를 보고 듣지 않으시더라도 만나보시기라도 하신다면 얼마나 감사한 일이겠습니까? 분부를 거두시고 호토케고젠을 불러들이옵소서.

그러자 기요모리는 "네가 그렇게 원한다면 만나 보겠다"하며 호토케고젠을 불러 들인다. 그러자 호토케고젠은 얼굴도 아름답고 목소리도 곱고 춤도 잘 추는 것이었다. 기요모리는 단숨에 호토케고젠의 매력에 빠져 버리고 기오를 의식하는 호토케고젠을 생각해서 기오를 내쫓으려고까지 한다. 기오가 호토케고젠을 들인 것은 같은 시라뵤시로서의 동정과 함께 기요모리의 사랑을 독차지하고 있다는 자신감도 작용했을 것이다. 하지만 기요모리는 호토케고젠의 용모와 노래, 춤에 완전히 매혹되어 이제 더 이상 기오를 거들떠 보지도 않는다. 호토케고젠은 기요모리에게 자신을 천거한 것이 기오인데, 자신의 뜻과 달리 기요모리가 기오를 버리고 자신만을 아끼게 되자 기오에 대한 죄스러움에 어찌할 바를 모르게 된다. 그러나 사태는 이러한 호토케고젠의 마음과는 다르게 점점 더

예기치 못한 방향으로 진행된다. 기오에 대한 사랑이 식어버린 기요모리는 이윽고 기오에게 퇴출 명령을 내린다. 영광의 자리를 순식간에 빼앗긴 기오는 집을 나서면서 다음과 같은 노래를 남긴다.

새로이 사랑받는 호토케도 버림받는 처지인 나도
모두 같은 시라뵤시이지
어느 누가 기요모리에게 버림받지 않을소냐

기오는 새롭게 영광의 자리를 차지한 호토케고젠에게 이러한 노래로 경고의 메시지를 보내고 있다.

기요모리의 저택을 나온 기오는 자신의 영락한 모습을 보이고 싶지 않다는 마지막 자존심 때문에 다른 사람들의 부름에 응하지 않는다. 그러나 기오에게 피할 수 없는 운명의 시간이 다가온다. 기오가 기요모리의 저택을 나온 이듬 해, 기요모리는 기오를 다시 불러들인다. 그런데 기요모리가 기오를 불러들인 것은 호토케고젠의 적적함을 달래주라는 이유에서였다. 제멋대로이고 남을 배려하지 않는 기요모리의 무례한 처사에 기오는 죽음을 각오하며 기요모리의 청을 거절하려 하지만, 기오는 어머니의 간청으로 하는 수 없이 기요모리의 저택으로 향한다. 그러나 자신을 불러들인 방이 이전에 있었던 곳에 비해 훨씬 형편없는 곳이라는 사실에 기오는 다시 한 번 깊은 좌절에 빠지게 된다. 하염없이 흐르는 눈물을 참을 길 없이 그저 자신의 쇠락한 운명을 한탄할 수밖에 없으나, 이를 본 호토케고젠은 기오를 딱하게 여겨 기요모리에게 자리를 바꾸어 줄 것을 청한다. 그러나 기요모리는 청을 거절한다. 기요모리의 채근으로 기오는 슬픔을 참아가며 노래를 부르기 시작한다.

부처님도 이전에는 범부였고
우리들도 결국에는 부처가 되니
어느 쪽도 불성을 가진 몸인데
구분 짓는 그 마음이 슬프구다

호토케고젠을 부처에 빗대어 그녀와 자신을 차별하는 기요모리의 야속한 마음을 책망하는 노래이다.[23] 기요모리의 저택에서 쫓겨날 당시 지은 '돋아나는 것도 지는 것도 모두 같은 들판의 풀'이라는 노래와 마찬가지로 이 세상에 영원한 것은 없다고 하는 『헤이케 이야기』의 주제인 무상관을 바탕에 깔고 있는 노래이다.

기요모리의 저택에서 돌아온 기오는 자신의 처지를 비관하며 호토케고젠 앞에서 기요모리에게 당한 굴욕감을 이기지 못하고 자결하려고 결심한다. 하지만 언니의 뒤를 이어 동생도 자결을 결심하고 그렇게 되면 어머니마저도 자결하겠다는 탄식을 듣자 가족 때문에 마음대로 죽을 수도 없는 자신의 처지를 깨닫는다.

계속되는 기요모리의 부름에 견디다 못한 기오는 교토를 떠나 사가노에 숨어 살며 불도에 정진하는 삶을 택하게 된다. 하지만 매일매일 정토를

---

23 호토케고젠(仏御前)의 '호토케(仏-부처라는 뜻)'를 따서 지은 노래

염원하는 정진의 삶 속에서도 과거의 영화와 지나온 고통의 나날들은 그녀를 망집에 빠지게 하는 장애가 된다. 마음의 평온을 찾지 못하는 그녀의 거처에 어느 날 호토케고젠이 찾아온다. 기요모리의 사랑이 식은 것이 아니라 가지 못하게 막는 기요모리의 눈을 피해 몰래 빠져 나온 것이다. 호토케고젠이 기오를 찾아온 것은 자신을 천거해 준 기오가 자신 때문에 몰락하게 되었다는 자책감과 자신도 언젠가는 기오와 같은 신세가 될지 모를 것이라는 불안감 때문이었다. 도읍에서 도망 오듯 빠져나와 암자를 짓고 불도에 정진하면서도 교토의 화려했던 생활을 잊지 못하고 자신의 영락을 받아들이지 못해 괴로워하던 기오는 호토케고젠의 방문으로 비로소 깨달음을 얻는다. 모든 괴로움과 번뇌는 상황을 받아들이지 못하는 자신 안에 있었던 것이다. 호토케고젠으로 인해 깨달음을 얻은 기오와 그의 가족들, 그리고 호토케고젠은 사가노의 초암에서 불도에 정진하여 네 사람 모두 왕생을 이루게 된다.

기구한 운명의 희생물인 기오와 호토케고젠의 이야기는 전쟁을 소재로 한 남성적인 작품 『헤이케 이야기』에서 드물게 보는 서정적인 이야기이다. 이 이야기에서 『헤이케 이야기』의 주인공인 기요모리는 주변적인 등장인물에 지나지 않는다. 이 이야기의 핵심은 권력자의 횡포에 휘둘리던 두 여성이 그 그늘에서 벗어남으로서 주체적인 삶을 살아가게 된다는 것이다. 또한 스스로의 아집과 과거의 영화에 대한 집착으로 괴로워하던 기오는 호토케고젠의 현명한 행동에 감화되어 깨달음을 얻게 된다는 불교 교리도 함께 전하고 있는 것이다. 기오의 기구한 운명과 왕생의 이야기는 "뽐내는 자는 오래 가지 않으니 단지 봄날 밤의 꿈과 같다"고 하는 『헤이케 이야기』 서문의 성자필쇠의 이치를 잘 보여주는 이야기이다.

기오의 가족들과 호토케고젠이 함께 불도에 정진하던 사가노의 기오데라(祇王寺)는 교토에서 약간 떨어진 곳에 아직도 남아 있다. 절의 경내에는 기오 모녀의 무덤과 기요모리 공양탑이 있어 한적하고 단아한 사가노의 풍취와 어우러져 지금도 많은 관광객이 찾는 곳이기도 하다. 기오의 비극적 운명과 호토케고젠과의 화해는 『헤이케 이야기』의 문학성을 높여주는 소재가 되고 있다.

두 남자에게 사랑 받은 여자 — 고고

『헤이케 이야기』 6권은 다카쿠라 천황의 죽음에 대한 기술로 시작된다. 다카쿠라 천황은 풍류를 사랑하고 자애심이 깊은 왕이었다. 열 살 정도 되던 해에 단풍을 무척이나 좋아해서 궁궐의 북쪽에 작은 산을 만들어 옻나무와 단풍나무를 심어 단풍을 하루 종일 감상하기도 했다. 그러던 어느 날 폭풍우가 심하게 불어 단풍들이 모두 떨어져 버렸다. 다음 날 아침 청소를 담당하던 하인들이 날씨도 춥고 해서 이 단풍을 쓸어 태워 버렸다. 천황이 그렇게 밤낮으로 아끼며 감상하는 낙엽을 태워 버린

데 놀란 하인은 몹시 걱정을 하지만 어린 천황은 "산에서 술을 데우기 위해 단풍 낙엽을 모아 태운다"고 하는 백락천의 시를 인용하며 하인들이 어찌 백락천의 시를 알았냐고 하며 호방하게 웃어넘긴다. 또 어느 날은 궁궐 밖에서 비명 소리가 들려 하인들을 시켜 무슨 일인지 알아보게 했다. 그러자 어떤 신분이 낮은 초라한 소녀가 울고 있는 것이었다. 사연을 물어본즉슨, 자신의 주인이 최근에 새로 장만한 옷을 가지고 가던 중 남자 두 세 명이 빼앗아 달아나 집에 가지도 못하고 울고 있는 것이었다. 이를 들은 천황은 그녀의 처지를 불쌍히 여겨 새 옷을 하사하셨다.

다카쿠라 천황의 비는 기요모리의 딸 겐레이몽인 도쿠코였다. 기요모리는 자신의 딸을 중궁으로 들여 천황을 좌지우지하는 무서운 존재였다. 다카쿠라 천황이 중궁전에 있는 아오이노마에라고 하는 소녀를 사랑했는데, 사람들이 이것을 두고 말이 많아서 천황은 만나는 것을 그만 두게 된다. 그러자 상심한 이 소녀는 며칠 뒤 병이 들어 죽고 만다. 천황 역시 몹시 침통해 하고 있었는데 이를 본 중궁 도쿠코는 고고라고 하는 궁녀를 천황의 침소에 들게 한다. 그런데 고고는 원래 기요모리의 다른 사위인 다카후사의 애인이었다. 고고는 츄나곤[24]의 딸로 궁중 제일의 미인이라 불렸다. 다카후사가 젊은 시절부터 열렬히 사랑하여 구애를 했지만 매정하게 굴다가 결국에는 둘이 사랑하는 사이가 되었다. 그러던 것이 천황의 처소에 들게 되면서 만나지 못하게 되자 다카후사는 몹시 안타까워했다. 언제나 고고가 있는 처소를 기웃거리며 혹시나 만나기를

24 현재의 중앙 관청의 차관급에 해당하는 관료

기대했지만 고고는 천황의 총애를 받은 이상 만날 수 없다고 다카후사를 멀리 한다.

다카후사와 고고와의 이야기를 들은 기요모리는 고고에게 두 명의 사위를 빼앗겼다고 분개하며 고고를 죽이겠다고 으름장을 논다. 이를 엿들은 고고는 자신의 처지보다도 그렇게 되면 천황이 더욱 곤란해질 것을 걱정하여 궁중을 빠져 나와 종적을 감추어 버린다. 고고가 없어지자 다카쿠라 천황은 낮에는 침소에서 눈물짓고, 밤에는 달빛을 보며 울적한 마음을 달래고 있었다. 이를 전해들은 기요모리는 괘씸하게 생각하여 시녀들도 보내지 않고 신하들도 기요모리를 두려워하여 궁중에 들려고 하지 않을 지경이었다.

이렇게 불길한 기운이 감도는 속에서도 다카쿠라 천황은 여전히 고고를 잊지 못하고 신하인 나카쿠니를 시켜 고고를 찾아오도록 명한다. 고고가 교토 부근의 사가노로 갔다는 소문만 전해들은 나카쿠니는 고고를 찾을 길이 막막하지만 고고가 궁중에 있을 당시 거문고를 잘 연주하던 그녀를 생각하며 자신이 그 때 피리로 반주를 했던 일을 생각해 낸다. 사가노를 찾은 나카쿠니는 이 집 저 집 기웃거리며 혹시 거문고 소리가 들리지 않는지 살펴보는데, 어느 집에서인가 낯익은 거문고 소리가 들리는 것이 아닌가. 나카쿠니는 얼른 피리를 꺼내 거문고 소리에 맞추어 피리를 연주했다. 그러자 거문고 소리가 멈추었다. 나카쿠니가 집안을 살펴보자 틀림없는 고고의 집이었다. 고고는 그동안 거문고 연주도 하지 않고 지내고 있었는데 이 날은 이튿날 오하라의 산속으로 들어가 비구니가 되려는 결심을 하고 마지막으로 자신이 좋아하는 거문고 연주를 하고 있었던 것이다. 나카쿠니는 다카쿠라 천황의 서신을 보여주며 궁중으로 돌아갈 것을 간청하고 고고도 나카쿠니의 설득으로 종종 궁중으로 천황을 만나러 가게 되었다. 하지만 이를 알게 된 기요모리의 진노는 극에 달해 이번에는 고고를 비구니로 만들어 추방시켰다. 스물 셋의 나이에 강제로 비구니가 된 고고는 한적한 사가노에서 상심의 세월을 보낸다. 다카쿠라 천황 역시 비통함을 금치 못하고 이런 저런 일이 겹쳐 결국에는 병이 들어 죽게 되고 마는 것이다.

기요모리의 무사 정권하에서 천황은 힘이 없는 허수아비 같은 존재로 사랑도 자유롭지 못했다. 천황의 총애를 받은 고고는 기요모리의 노여움을 한 몸에 받게 되어 결국에는 비구니가 되고 마는 것이다. 권력의 틈바구니에서 힘없는 여성들이 자신의 의지와는 관계없는 인생의 소용돌이에 휘말리는 일은 어디에나 있는 법이다. 고고 역시 기요모리의 두 사위에게서 사랑을 받은 까닭에 슬픈 운명을 걸어야 했던 여성의 하나이다. 고고의 기구한 운명에 관한 이야기여서뿐 아니라 이 삽화에서는 나카쿠니가 아무런 단서도 없이 고고를 찾아 나서서 거문고와 피리 소리의 화합으로 고고의 집을 발견한다고 하는 부분이 로맨틱하다고 하겠다.

8

욕망과 본능의 괴기담

-『곤자쿠 이야기집』

질투하는 여성들

『곤자쿠 이야기집』은 12세기 전반에 만들어진 불교 설화집이다. 인도와 중국, 일본의 설화를 모은 것으로 약 1,080편의 이야기가 실려 있는, 설화집으로는 일본 최대이다. 이 중 문학적 가치가 있는 것은 세속설화 부분으로 귀족뿐 아니라 무사나 서민들의 일상생활을 엿볼 수 있는 좋은 자료이다. 『곤자쿠 이야기집』의 다양한 설화에는 시대의 격변기를 씩씩하게 살아간 사람들의 모습이 생생하게 표현되어 있다.

그러나 『곤자쿠 이야기집』을 읽다보면 동시대의 다른 작품들에 비해 여성에 대해 상당히 부정적으로 묘사하고 있다. 이는 불교에서 기본적으로 여성을 죄 많은 존재로 인식하기 때문이다. 불교에서는 여성을 오장삼종(五障三從)의 운명을 지니고 태어난다고 한다. '오장'이란 불교 경전 『묘법연화경(妙法蓮花經)』에 나오는 것으로, 여자는 범천(梵天), 제석천(帝釋天), 마왕(魔王), 전륜성왕(轉輪聖王), 부처가 될 수 없다는 것이다. 또한 '삼종'은 『초일월삼매경(超日月三昧經)』『대지도론(大智度論)』 등에 실린 것으로, 여자는 결혼 전에는 부모를 따르고, 결혼해서는 남편, 그리고 늙어서는 자식을 따른다고 하는 설법을 말한다.

다음의 이야기들은 그러한 예들이다. 11권 32화는 다무라마로가 임신한 부인에게 주려고 사슴을 쏜 이야기이다. 다무라마로는 새로 옮긴 도읍의 장관이 되어 교토로 옮겨 온 사람이다. 그는 공무가 없을 때

근처의 산에 가서 산후의 아내에게 먹이기 위해 사슴을 한 마리 잡았다. 잡은 사슴을 칼로 자르고 있을 때 다무라마로는 신기한 물이 흐르고 있는 것을 보았다. 물을 마셔 보니 온 몸이 상쾌하고 마음이 즐거워졌다. 그러자 "물이 어디서부터 흐르는지 찾아보자"하고 물을 따라 올라가다 보니 폭포에 다다르게 되었다. 다무라마로가 잠시 주변을 돌아보자 어디선가 독경 소리가 들렸다. 그가 다가가서 이름을 묻자 자신은 겐신(賢信)이라 답하였다. 그는 자신이 보은법사(報恩法師)의 제자로 어느 날 꿈의 계시로 맑은 물이 흐르는 곳에 절을 세워 관음보살을 모시라는 이야기를 듣고 그와 친교를 맺기로 약속하고 헤어진다. 집으로 돌아온 다무라마로는 아내에게 사슴을 죽인 이야기와 겐신과 언약을 맺은 이야기를 했다. 그러자 아내는 "제 병을 고치기 위해 생명이 있는 것을 죽였으니 죽은 후의 죄를 어떻게도 갚을 길이 없습니다. 이 죄를 면하기 위해 이 집을 헐고 법당을 세워 여자로 태어난 헤아릴 수 없는 죄를 참회하고자 합니다."고 한다. 아내의 이야기를 들은 다무라마로는 천황에게 겐신의 이야기를 전하고 겐신이 절을 세우는 것을 적극 돕는다. 이 절은 기요미즈데라로서 오늘날까지도 많은 사람들의 발길을 끌고 있다.

기요미즈데라 창건에 얽힌 이 이야기를 보면, 남편의 살생도 여성인 아내의 탓이 되고 있음을 알 수 있다. 더 나아가 다무라마로의 아내는 이 모든 것이 자신이 여자로 태어난 죄라 생각하고 절을 세우는 것으로 참회를 하고 있다.

31권 10화는 본처 이외에 다른 여자를 만나러 다니는 남편을 질투하는 아내에 대한 이야기이다. 오와리에 사는 마가리노 츠네가타의 부인은 남편에게 다른 여자가 생기자 남편이 여자를 만나러 가면 이성을 잃고 남편을 찾아 나서곤 했다. 어느 날 츠네가타가 며칠 동안 상경할 일이 있어 떠나기 전날 애인의 집에 몰래 가려고 하고 있었다. 그러나 아내의 질투가 귀찮았던 츠네가타는 관아에서 부른다고 구실을 대고 그 여자 집으로 갔다. 여자 집에서 잠을 자던 츠네가타는 한밤중에 이상한 꿈을 꾸는데, 꿈에 본처가 나타나 하는 이야기가 “세상에, 아니 이렇게 몇 년씩이나 둘이서 자고 있다니, 이러면서 어떻게 양심에 걸리는 일은 하지 않는다고 했는지… ”하면서 온갖 욕을 해대며 둘이 자고 있는 사이로 달려들어 두 사람을 떼어 놓는 등, 난리를 쳐댔다.

꿈에서 깨어난 츠네가타는 무언가 섬뜩하기도 하고 기분이 묘해서 서둘러 집으로 돌아갔다. 그는 관아에서 업무를 보아 피곤하다는 핑계를 대고 아내 옆에 앉았다. 그러자 아내의 머리카락이 하늘로 모두 곤두섰다가 다시 아래로 내려앉았다. 츠네가타가 이상히 여기며 불길하게 생각하고 있는데 아내는 갑자기 이런 말을 하기 시작했다. “당신은 참으로 낯짝이 두껍군요. 어젯밤 관아는커녕 그 여자의 집에 가서 그 여자의 가슴을 만지며 자던 당신의 얼굴이라니, 정말 봐 줄 수가 없더군요.” 츠네가타가 몹시 놀라며 누가 그 사실을 알려 주었는지 묻자 아내는 “아휴, 정말 얄밉군요. 내가 꿈에서 확실하게 봤단 말이에요.”라고 말하는 것이었다. 남편은 계속해서 아내에게 어떤 꿈이었냐고 물어보자 아내는 남편이 꿈을 꾼 것과 똑같은 내용으로 꿈을 꾸었던 것이다. 기이하게 여긴 남편은 그럼 자신이 꿈에 무슨 이야기를 하더냐고 물었더니 아내는 츠네가타가 그 집에서 한 이야기를 한 마디도 틀림없이 그대로 이야기하는 것이었다. 이를 들은 츠네가타는 놀랍거나 두려운 걸 넘어서 아내의 질투에 질려버릴 정도였다.

이 설화는 여성의 질투가 좋지 않은 것임을 과장해서 이야기한 것인데, 여기에서 흥미로운 것은 이 설화집을 엮은 편자의 평이다. 편자는 츠네가타와 아내의 꿈 이야기에 대해서는 "무엇이든 마음에 깊히 생각하면 그것이 반드시 꿈에 나타나는 것이다."하는 이야기와, 또 하나는 "생각해 보면 본처는 얼마나 죄가 많은 사람인가. 질투는 죄가 많은 일이다. 내세에는 반드시 뱀으로 태어날 것이다."라고 평했다. 서로 같은 꿈을 꾸었다는 신기한 우연의 일치보다는 꿈속에서 하는 투기조차 내세에 뱀으로 태어날 정도의 큰 죄라고 하는 생각이 현대적 감각으로 볼 때는 참으로 남성 중심적인, 독선적인 평이라 하지 않을 수 없다.

질투 때문에 뱀으로 변한 여자

질투로 인해 뱀으로 변하는 여자의 이야기 중 압권은 '도죠지(道成寺) 이야기'이다. 『곤자쿠 이야기집』14권 3화에는 구마노에 참배 가는 젊은 승려를 사랑한 여자가 스님이 약속을 어기자 뱀으로 변해 무시무시한 질투의 원념을 불태웠다는 섬뜩한 이야기이다.

구마노 참배에 나선 두 명의 스님이 있었는데, 한 분은 노인이었고 한 분은 젊고 잘 생긴 스님이었다. 무로 고을 가까이 오자 민가를 빌려 둘이 묵게 되었는데, 그 집의 주인은 젊은 과부였다. 이 여인은 젊은 스님을 보고 수려한 모습에 깊은 애욕을 느껴 정성껏 대접을 했다. 밤이 되자 여인은 두 사람이 자고 있는 방에 들어와 젊은 스님의 옆에 자리를 깔고 누워 자신은 지금까지 집에 남자를 들인 적이 없으나 낮에 젊은 스님을 보고 한 눈에 반해 남편으로 삼고자 집에 머물도록 한 것이라고 하며 이제 그 소원을 이루려고 한다며 스님에게 접근했다. 몹시 놀란 스님은 벌떡 일어나 자신은 구마노신사에 참배하기 위해 오랫동안 정진하며 수행을 했고 이제 겨우 그 소원을 이루려고 하는데 만일 자신의 숙원을 방해한다면 서로 깊은 죄를 짓는 일이 된다고 여인에게 자신에 대한 애욕의 마음을 버릴 것을 간구한다. 하지만 여인은 포기하지 않고 밤새도록 젊은 스님의 옆에 누워 몸을 껴안기도 하고 비벼대기도 하면서 유혹을 했다. 스님은 이리저리 여자를 피하다가 마지막에는 "나는 당신을 거절하려는 것이 아닙니다. 그러니까 구마노에 참배하고 이삼일 지나 돌아올 테니까 그때 당신을 다시 찾아오겠소."하고 약속을 한다. 여인은 스님이 돌아오기로 약속한 날짜를 손꼽으며 만반의 준비를 해 놓고 기다리고 있었다. 하지만 그 날이 되어도 스님은 오지 않았다. 스님은 여인을 두려워하여 먼 길을 돌아 가 버린 것이다. 여인은 아무리 기다려도 스님이 오지 않자 마침 구마노를 참배하고 돌아오는 스님을 보고 젊은 스님에 대해 물어보았다. 그러자 그 스님이 말하기를 두 사람은 이미 이삼일 전에 돌아갔다고 하는 것이다. 이를 들은 여인은 몹시 분노하며 집에 돌아와 침실에 틀어박힌 채 지내다가 죽어 버렸다. 하녀들이 주인이 죽은 것을 발견하고 통곡을 하자 갑자기 40척이 되는 독사가 침실에서 기어 나오는 것이 아닌가. 그리고는 구마노에서 돌아오는 길을 따라 꿈틀꿈틀 기어가기 시작했다. 사람들은 그것을 보고 모두 공포에 떨었다.

한편 두 스님은 먼 길을 돌아가고 있었는데 어떤 사람이 이르기를 "기괴한 일이 일어나고 있습니다. 40척이나 되는 큰 뱀이 기어 나와 산과 들을 지나 점점 이쪽으로 오고 있습니다."하는 것이었다. 두 사람은 이 이야기를 듣자 그 뱀이 지난 번 묵었던 집의 여인임을 알았다. 둘은 여인을 피하기 위해 도죠지라는 절에 숨었다. 두 사람의 이야기를 들은 도죠지의 스님들은 절에 있던 큰 종을 가져 와서 젊은 스님을 그 종 안에 숨겨두고 절의 문을 굳게 닫아두었다. 잠시 후에 큰 뱀이 절 앞까지 와서 문이 잠겨 있자 담을 넘어 안으로 들어와 법당 부근을 한 두 바퀴 돌더니 이윽고 스님이 숨어 있는 종루 입구에 다가가 꼬리로 종루의 출입문을 백 번 정도 두드린다. 그러자 출입문이 부서지면서 뱀은 그 안으로 기어 들어갔다. 안으로 들어간 뱀은 종을 칭칭 감고 꼬리로 용두를 두드리기를 수 시간, 절에 있던 스님들은 모두 겁에 질려 있으면서도 이 기괴한 광경을 보기 위해 사방의 문을 다 열어 놓고 지켜보고 있었다. 이윽고 독사는 두 눈에서 피눈물을 흘리면서 머리를 치켜들고 혀를

날름거리더니 왔던 길로 되돌아갔다. 스님들이 종을 보니 독사의 열로 인해 종은 이글이글 불타고 있었다. 놀란 스님들은 물을 끼얹고 종을 들어보니 안에 숨어 있던 젊은 스님은 검게 타서 뼈 한 조각 남지 않고 재만 하얗게 쌓여 있을 뿐이었다.

이런 사건이 있은 후 이 절의 노승의 꿈에 이 뱀보다 훨씬 더 큰 뱀이 나타나 노스님을 향해 다음과 같이 이야기한다.

> 저는 종 안에 숨어 있던 승려이옵니다. 독사가 된 여인은 저를 죽인 뒤에도 저를 꼼짝 못하게 만들어 결국 남편으로 삼았습니다. 그 때문에 저는 무시무시하고 더럽혀진 몸으로 변하여 말할 수 없는 괴로움을 겪고 있습니다. 저는 지금 이 괴로움에서 벗어나고 싶습니다만, 제 힘으로는 정말 어떻게도 할 수 없는 처지입니다. 저는 살아생전 법화경을 신봉하고 있었습니다. 부디 성인의 광대한 은덕으로 이 괴로움을 벗어나게 해 주십시오. 각별히 광대무변한 대자비심을 일으켜 심신을 정갈히 하여 법화경의 여래수량품(如來壽量品)을 필사하여 저희 두 마리의 뱀을 위해 공양하여 이 괴로움을 벗어날 수 있도록 해 주십시오.

이 꿈을 꾼 노스님은 갑자기 도심이 일어나 스스로 여래수량품을 필사하고 옷과 음식으로 많은 스님을 청해 하루 법회를 열어 두 마리의 뱀의 괴로움을 풀어주도록 하기 위한 공양을 했다. 그러자 그 후 노스님은 다시 한 번 꿈을 꾸었다. 그 꿈에는 한 여인과 스님이 한 분 있었다. 두 사람 모두 얼굴에 미소를 띠고 기뻐하는 얼굴로 도죠지로 와서 노스님에게 절을 하고 노스님의 공덕으로 자신들이 뱀의 모습을 벗고 여자는 도리천(忉利天), 남자는 도솔천(都率天)에 올라가게 되었다고 말하며 하늘로 올라가는 꿈을 꾸었다. 노승은 감격하여 그 후 더욱 더 깊이 법화경의 위력을 숭상하였다고 하는 이야기로 끝을 맺고 있다.

이 이야기는 여자가 한을 품으면 엄청나게 사악한 마음을 일으킬 수 있다는 강렬한 메시지를 전하고 있다. 이 도죠지 이야기는 『곤자쿠 이야기집』이후에 중세의 노(能)[25] 나 근세 가부키(歌舞伎)[26] 의 소재로 자주 등장한다. 이 이야기의 교훈으로 『곤자쿠 이야기집』의 편자는 법화경의 위력과 여성의 사악함을 들고 있다. 여인과 스님이 "뱀의 모습에서 사람으로 다시 탄생할 수 있었던 것은 오로지 법화경의 공덕"이라는 기술과, "따라서 여성의 악심이 강한 것은 실로 이와 같은 것이다. 때문에 여자를 가까이 하는 것을 부처님은 크게 경계하셨다. 이를 잘 깨우쳐 여자를 멀리 해야 한다"고 하고 있다. 이 도죠지 이야기는 이야기의 강렬한 인상과 함께 불교에서 여성을 얼마나 악한 존재로 묘사하고 있는지를 가장 잘 보여주는 이야기라 하겠다.

25 중세 막부의 장군 아시카가노 요시미츠(足利義滿)의 보호로 귀족들 사이에 성행했던 가면극. 상징적이고 몽환적인 춤과 노래를 기본으로 하는 중세를 대표하는 연극이다.

26 근세에 유행한 서민적인 예능극으로 남성들만으로 구성된 배우들이 남녀의 사랑이나 활극을 과장된 연기로 펼치는 연극

죄 많은 존재로서의 여자

『곤자쿠 이야기집』 13권의 12화에 보면 산속에서 오랫동안 수행을 하던 비구니가 스님을 보고 애욕의 마음을 느껴 그 공덕이 한 순간에 사라졌다는 이야기가 나온다. 교토의 초라쿠지(長樂寺)라고 하는 절에서 수행을 하던 스님이 부처님에게 바칠 꽃을 찾아 깊은 산 속에 들어갔다. 어느덧 해가 저물어 나무그늘에서 쉬고 있을 때 근처에서 법화경을 읊고 있는 소리가 희미하게 들렸다. 스님은 누가 법화경을 읊고 있는지 궁금해 하면서도 밤새도록 경 읽는 소리를 듣고 있었다. 신선이 아닐까 생각한 스님은 날이 밝자 경소리가 들리는 쪽으로 발걸음을 향했다. 하지만 거기에는 이끼가 가득 끼고 가시 넝쿨이 뒤엉켜진 바위가 있을 뿐이었다. 이상히 여긴 스님이 잠시 지켜보고 있자 이끼 낀 바위가 갑자기 사람으로 변하기 시작했다. 자세히 보니 나이가 60 정도 되는 여자 법사였다. 가시 넝쿨은 법사가 일어나자 차례차례 끊어졌다.

스님은 이것을 보고 황송하여 "어찌 된 일입니까?"하고 묻자 여자 법사는 울면서 대답을 하였다. "저는 긴 세월 동안 여기에 있으며 수행을 했습니다만, 지금까지 애욕을 일으킨 적이 한번도 없었습니다. 그런데 지금 당신이 온 것을 보고 '저것은 남자인가?'하고 생각한 순간 슬프게도 원래의 인간의 모습이 되었습니다. 인간만큼 죄가 많은 것은 없습니다. 앞으로는 지나간 세월보다 더 오랫동안 수행을 해야 전처럼 될 수 있겠지요.” 이렇게 말하면서 몹시 슬퍼하며 산 속 깊은 곳으로 들어갔다는 이야기이다.

『곤자쿠 이야기집』은 각 이야기의 마지막 부분에 실린 편자의 논평이 핵심인데, 이 이야기에 대해 편자는 다음과 같이 평하고 있다.

> 입산 수도하는 비구니가 이러할 진데, 하물며 세간의 보통 여자들의 죄는 얼마나 깊을 것인가, 감히 헤아려 볼 수 있으리라.

비구니가 색심을 일으킨 것이 큰 죄이며, 더 더구나 수행도 하지 않는 여성의 경우에는 죄가 많은 것은 이루 헤아릴 수가 없다는 이야기이다.

이와 유사한 이야기는 그 외에도 많이 찾아볼 수 있다. 여자의 병을 고치러 간 중이 색심을 일으켜 여성과 통정한 경우(30권 3화)에도 “이것은 모두 여자가 경솔하기 때문이다.”라고 한다든지, 하인에게 강간당한 여자의 이야기(29권 22화)에서도 “그러니까 분별없는 여자는 함부로 나다녀서는 안된다.”며 죄를 지은 남성보다 당한 여성 쪽을 비난하는 태도, 자신의 집에서 일하던 하인에게 납치당해 겁탈당한 여성이 목숨을 끊은 이야기(30권 8화)에서 “따라서 여자는 상대가 비록 하인이라 할지라도 남자에게 마음을 주어서는 안된다.”고 여자 쪽만을 일방적으로 나쁘게 이야기하고 있다. 26권의 21화도 같은 유형으로 남편의 출타중에 수행승의 꼬임에 넘어가 깊은 산에 제사를 지내러 가던 여자가 중에게 강간당하는 이야기에서도 “세상 사람은 상하를 막론하고 사려분별도 없이 정체 모를 사람의 꼬임에 넘어가 여자가 혼자서 제멋대로 일을 행해서는 안된다.”고 평하고 있다.

이러한 이야기들은 여성의 정조관념과 관련하여 유교적인 측면에서 여성을 비판하는 성격도 다분히 있기는 하나, 기본적으로는 여성을 수행의 방해가 되는 사악한 존재로 생각하는 불교적인 발상에 기인하는 바가 크다.

적극적인 여성들

『곤자쿠 이야기집』은 귀족들의 이야기를 주로 하던 헤이안 초기나 중기의 작품과는 달리 중세로 넘어가는 과도기 문학으로 서민들의 이야기도 많이 담고 있다. 특히 여성에 대한 부정적인 시각과 더불어 지금까지 문학에서 볼 수 없었던 적극적이고 생동감 있는 여성상이 등장하기 시작한다. 예를 들면 도장법사(道場法師)의 자손인 오와리 지방의 한 소녀가 미노키츠네라는 도둑질을 일삼는 여자를 퇴치하는 이야기(23권 17화)와 같은 것이다.

이 이야기는 미노 지방에 '미노키츠네'라는 이름을 가진 몸집이 아주 큰 여자에 관한 것이다. '키츠네'란 여우란 뜻으로, '미노키츠네'란 이름은 옛날 이 고을에 여우를 아내로 들인 사람이 있었는데 그 사람의 4대손에 해당하기 때문이다. 그런데 이 여성은 힘이 상당히 세서 혼자서 백 명을 상대할 정도였다. 이 여자는 자신이 힘이 센 것을 빌미로 상인들에게 폭력을 휘두르기도 하고 물건을 약탈하는 등 악행을 일삼고 있었다. 그러던 어느 날, 같은 오와리 지방에 여기에도 또 힘센 여자가 하나 살고 있었다. 그러나 이 여자는 몸집이 아주 작았다. 이 여자는 옛날 이 마을에 있던 원홍사 스님인 도장법사라고 하는 사람의 손녀이다. 이 여자가 미노키츠네라는 여자의 소행을 듣고 배에 대합 50석을 싣고 그 마을에 당도했다. 그 밖에도 배에 칡으로 만든 채찍 20개를 실었다.

마을에 도착하자 미노키츠네가 나와 배에 있는 대합을 쥐고 팔지 못하게 한다. 그러고는 미노키츠네는 오와리의 여자에게 "어디에서 온 여자냐?"하고 묻는다. 오와리의 여자는 잠자코 있었다. 미노키츠네는 다시 물었다. 그러나 역시 대답이 없었다. 미노키츠네가 네 번이나 물었지만 오와리의 여자는 대답하지 않았다. 그러자 미노키츠네는 더 이상 참지 못하고 오와리의 여자에게 덤벼들었다. 그러자 오와리의 여자는 자신을 때리려는 미노키츠네의 두 팔을 붙잡고 배에 있던 채찍을 꺼내들어 미노키츠네를 후려치기 시작했다. 채찍에는 미노키츠네의 살점이 묻어났다. 그러자 다른 채찍을 꺼내 때리고, 또 다른 채찍으로 내리치기를 열 개 째, 채찍마다 살점이 묻어 있었다. 미노키츠네는 오와리의 여성의 기세에 눌려 완전히 항복하게 되었다. 오와리의 여성은 다시는 사람들을 괴롭히지 않도록 미노키츠네의 다짐을 받고 자기 고을로 돌아갔다고 한다.

23권의 24화에도 괴력을 지닌 여성의 이야기가 등장한다. 옛날에 가이(甲斐)지방에 씨름꾼인 오오이노 미츠토라는 사람의 여동생이 있었다. 나이는 스무 일고여덟이고 얼굴이 아주 예쁜 아가씨였다. 어느 날 이 여자가 사는 곳에 칼을 든 남자가 들어와 자신을 인질 삼아 집안사람들을 협박했다. 사람들이 놀라 미츠토에게 이 사실을 알리자 미츠토는 사람들에게 "걱정하지 말게. 그 아이를 인질로 삼을 수 있는 것은 사츠마노 우지나가[27] 정도일 것이야."라고 하며 태평하게 앉아 있었다. 사람들이 미심쩍어하며 돌아와 문틈으로 들여다보니, 때는 9월 경인데 여자는 얇은 면 옷 한 겹만 입고 한손으로 입을 막고 다른 한 손으로는 칼을 뽑으려 하는 남자의 팔을 움켜쥐고 있는 모양이었다. 남자는 무시무시한 큰 칼을 칼날을 안쪽으로 향하게 쥐고 배 안쪽으로 드리워 뒤에서 여자를 양발로 끌어안고 있었다. 그러자 아가씨는 오른손으로 남자가 칼을 쥔 손을 움켜쥐고 왼손으로 얼굴을 가리며 우는 시늉을 하면서 앞에 있는 화살을 만들기 위해 잘라놓은 대나무를 손가락으로 얇게 펴더니 이것을 손에 쥐고 마치 부드러운 낙엽을 부스러뜨리듯 산산조각을 냈다. 아가씨를 인질로 잡고 있던 남자가 이 모습을 보더니, "아무리 칼로 찔러도 절대로 찔릴 여자가 아니구나. 이 여자에게 걸리면 팔이 박살이 나겠구나. 이 정도의 괴력이라면 팔다리도 모두 잘릴 것 같다. 도망가는 것이 상책이겠다."하며 도망가는 것을 사람들이 잡았다고 한다. 이 여자의 괴력은 사슴뿔도 무릎에 놓고 가느다란 팔로 고목나무 가지라도 부러뜨리듯

---

27 사츠마노 우지나가(薩摩氏長)는 닌묘천황 당시 천하무적이었던 씨름의 장사

간단하게 부러뜨릴 정도였다고 하는 기술도 덧붙여져 있다.

또한 26권 23의 이야기는 곤경에 처한 주인을 구하기 위한 하녀들의 이야기이다. 규슈 지방의 어떤 남자가 동서와 윷놀이를 하고 있었다. 이 남성은 상당히 용맹한 사람으로 활을 잘 쏘기로 유명한 무사였다. 이에 비해 동서는 평범한 사람이었다. 윷이라는 것은 원래 싸움이 잘 나기 마련으로 두 사람이 윷가락 숫자를 가지고 싸움이 붙었다. 무사는 갑자기 동서의 상투를 움켜쥐고 비틀더니 칼을 빼 들려고 했다. 하지만 칼집에 묶어 둔 끈에 걸려 칼이 한손으로는 뺄 수가 없다. 그러자 상대가 필사적으로 칼집을 붙잡고 놓지 않자 힘이 장사인 남자이긴 했지만 칼을 뽑지 못하고 빙글빙글 돌고 있었다. 그러던 중 이 무사의 눈에 문에 걸려 있는 식칼이 보였다. 무사는 동서의 상투를 한 손에 잡은 채로 그리로 끌고 갔다. 상투를 잡힌 남자는 이대로 가면 식칼에 찔려 죽을 것 같다는 생각에 필사적으로 저항을 했다. 원래 그 집은 상투가 잡힌 남자의 집이었는데, 부엌에는 하녀들이 잔뜩 몰려서 와글와글 떠들며 술을 만들기 위한 쌀가루를 빻고 있었다. 상투를 잡힌 남자는 저항을 해 보지만 당할 수가 없자 목청껏 소리를 지르며 살려달라고 외쳤다. 마침 집에 남자가 한 명도 없었으나 쌀가루를 빻던 하녀들이 이 소리를 듣고 절구 공이를 들고 달려와 보니 주인이 상투를 잡힌 채로 살해당하기 일보 직전이다. "이대로 두면 우리 주인이 살해당할 것 같다"고 생각한 하녀들은 주인의 상투를 쥐고 있는 남자를 둘러싸더니 손에 든 절구 공이로 남자를 두들겨 패기 시작했다. 우선 머리를 세게 치자 땅에 엎어진 것을 그대로 위에서 내리치니 남자는 맞아서 죽어 버렸다. 이 이야기를 전하는 편자는 "이 무사는 동서쯤은 상대가 되지 않을 정도로 용맹한 자였으나, 어이없게도 여자들에게 맞아 죽었기 때문에 이를 듣는 사람들은 모두 의외라 입을 모아 이야기했다."고 전하고 있다. 긴장감 넘치는 사실적 묘사가 살아 있는 이야기이다.

다음으로 23권의 18화는 『곤자쿠 이야기집』이전의 설화집인 『니혼료이키(日本靈異記)』에도 실려 있는 이야기로, 앞서 언급했던 바 있는 도장법사의 자손인 여성에 관한 것이다. 이 이야기는 전반과 후반의 두 개의 에피소드로 이루어져 있는데, 전반의 이야기는 도장법사의 자손인 이 여성이 남편에게 짜 준 옷을 그 지역 현감에게 빼앗기자 현감에게 가 옷을 찾아온다는 이야기이다. 후반은 이 여자가 강에서 빨래를 하던 중 지나가던 선주(船主)가 무례를 범하자 500명분의 힘으로 배를 육지로 끌어올려 사죄를 받았다는 이야기이다.

옛날 쇼무천황 시절 오와리 지방에 오와리 구사카리라고 하는 남자가 살았다. 이 남자는 이 마을의 대령이었다. 아내는 도장법사의 자손으로 모습이 가녀려서 비단을 꼬아 놓은 듯했다. 어느 날 이 여자가 남편에게 마로 된 천을 짜서 남편에게 새 옷을 만들어 주었다. 그런데 이 천이 더할 나위 없이 아름다운 것이었다. 당시 마을 현감으로 와카사쿠라베 뭐시기[28]라는 사람이 있었다. 이 사람이 구사카리의 멋진 옷을 보자 그에게 "이건 자네에게 어울리지 않네."하며 옷을 빼앗았다. 집에 돌아온

28 이름 부분이 지워져 있어 알 길이 없음.

구사카리를 보고 아내가 옷을 어찌 했냐고 묻자 구사카리는 현감에게 옷을 빼앗긴 이야기를 했다. 그러자 아내는 남편에게 "당신은 그 옷을 정말 아깝다고 생각하나요?"하고 물었다. 그러자 남편은 "정말 아깝네." 하고 답했다. 아내는 바로 현감에게 달려가 옷을 달라고 했다. 그러나 현감은 "이건 어디서 나타난 계집이냐. 당장 쫓아 버려라."하고 명령했다. 부하들이 몰려와 여자를 잡으려 하나 여자는 꿈쩍도 하지 않는다. 이 때 여자는 손가락 두 개로 현감을 자리에 앉힌 채 집어 올려 관청 밖으로 집어 던지며 옷을 돌려달라고 요구했다. 혼 구멍이 난 현감은 순순히 옷을 돌려주었다. 여자는 그 옷을 깨끗이 빨아 원래대로 만들었다는 이야기이다.

두 번째 이야기는 현감을 혼낸 일 때문에 후한이 두려워 남편과 헤어지게 된 후의 이야기이다. 이 여자가 힘이 센 것은 비할 것이 없어 여자는 한 손으로 대나무를 납작하게 만드는 것은 실을 짓듯 손쉽게 하곤 했다. 그러자 이것을 본 시부모가 아들에게 "네가 네 아내 때문에 현감에게 미움을 사서 벌을 받게 될 것을 생각하니 정말로 두렵다. 그러니까 어서 네 아내와 이혼하여 친정으로 보내거라."하는 것이었다. 대령은 부모가 시키는 대로 아내와 이혼을 했다. 그러자 아내는 고향에 돌아가 쿠사츠강이라고 하는 강가 선착장에서 빨래를 하고 있었다. 그러자 한 상인이 배에 풀을 싣고 그 앞을 지나면서 이 여자에게 자꾸만 장난을 걸어 귀찮아 견딜 수가 없었다. 여자는 잠시 동안은 잠자코 가만히 있으면서 상대를 하지 않았다. 하지만 상대방 선주인 남자가 계속해서 놀려대는 통에 여자는 "사람을 우습게 여기는 놈은 목덜미를 힘껏 패 줄 테다."하고 남자에게 말을 했다. 그러자 이 말을 들은 남자가 배를 세우고 여자를 때리려고 덤벼들었다. 하지만 여자는 태연하게 손으로 배 한편을 두드리고 있었다. 그러자 배는 꼬리 부분부터 가라앉기 시작했다. 남자는 선착장에 있던 사람들을 고용해서 짐을 내리고 다시 배에 탔다. 그러자 여자는 "내게 무례를 범했기 때문에 배를 가라앉힌 것입니다. 무슨 연유로 아무 관련도 없는 나를 바보 취급한 것입니까?"하면서 짐을 실은 배를 100미터 정도 육지로 끌어 올렸다. 이것을 본 남자는 여자에게 무릎을 꿇고 용서를 빌어 여자도 용서해 주었다. 그 후 사람들이 이 여자의 힘이 어느 정도인지 시험해 보고자 그 배를 500명이 끌어 보았지만 꿈쩍도 하지 않았다. 이 이야기를 들은 사람들은 "전생에 무슨 인연이 있었길래 현세에서 여성의 몸으로 그런 힘이 있는 것인가?"하고 이야기했다는 설화이다.

이상의 이야기들은 다분히 과장되고 비현실적인 이야기들도 있지만 이전의 문학에 비해 서민들의 생생한 생활상을 볼 수 있는 사실적이고 박진감 있는 기술들이다. 더구나 장면 묘사가 마치 실제 상황을 보고 있는 듯 상세하고 구체적이다. 또 여성에 대한 부정적인 묘사나 마지막 부분의 편자의 평도 특별히 여성을 비하하는 내용은 없다. 이런 종류의 설화들은 당시 주변에서 흔히 볼 수 있던 '있을 수 있는 일', 혹은 '있었던 일'들을 다소 각색해서 실어 놓은 것으로 보인다. 능동적이고 진취적인 여성의 모습을 엿볼 수 있는 이야기들이다.

그러나 이러한 괴력을 가진 여성들의 이야기 중 가장 인상적인 것은

29권 3화에서 보는 여자 도둑 두목의 이야기일 것이다.

29권의 세 번째 이야기는 남자를 채찍으로 때리며 카리스마를 발휘하는 여자 도둑에 관한 그로테스크한 설화이다. 이 이야기는 장소가 어디인지, 그 여자가 누구인지를 밝히지 않은 채 이야기가 진행된다. 이 설화는 지워진 부분이 특히 많은 것으로 내용의 기이함과 더불어 어디에서 어떻게 해서 전해진 이야기인지를 알 수 없다. 내용은 다음과 같다. 어느 저녁 무렵, 000 부근을 지나던 한 남자가 어느 집 창문에서 '츄'하는 휘파람 소리와 함께 손짓을 하는 사람이 있어 가까이 다가가 무슨 일인지 물었다. 그러자 안에서 여자 목소리가 들리며 "드릴 말씀이 있습니다. 그쪽 문은 닫혀 있는 듯 보이나 밀면 열립니다. 문을 열고 안으로 들어오십시오."하는 것이다. 남자는 이상한 일이라 생각하면서도 문을 열고 안으로 들어갔다. 그러자 한 여자가 나오면서 "문에 자물쇠를 채워 주십시오." 하길래 자물쇠를 채우고 옆으로 다가가자 여자는 남자를 안으로 안내한다. 안에 들어가자 발이 드리워지고 그 안으로 들어가 보니 잘 꾸며진 곳에 나이가 스무 살 정도 돼 보이는 매력적이고 아름다운 여자가 혼자 앉아 있었다. 그 여자는 미소를 지으며 남자를 유혹하고 남자도 여자의 매력에 빠져 두 사람은 잠자리를 함께 하게 되었다. 그러나 남자가 집을 둘러보아도 집에는 사람이 아무도 없었다. 하지만 남자는 이를 이상히 여길 정신도 없을 정도로 여자의 아름다움에 푹 빠져 있었다. 남자가 날이 지는 줄도 모르고 잠들어 있는 사이에 누군가 문을 두드리는 사람이 있었다. 집에는 아무도 없어 남자가 문을 열어 주자 무사풍의 남자 두 명과 부인풍의 여자 한 명이 하녀를 데리고 들어왔다. 들어와서는 문을 닫고 등잔불을 켜고 아주 맛있어 보이는 음식을 은 식기에 담아 이 남자와 여자에게 먹여 준다. 남자는 자신이 들어올 때 문에 자물쇠를 분명히 채웠던 것을 생각하며 자신이 들어온 후에 여자가 누구한테도 이야기하는 것을 보지 못했는데 이 사람들이 어떻게 자신의 음식까지 준비해서 가지고 온 것인지를 몹시 의아하게 생각했다. 그러면서 이 여자에게 자기 말고도 또 다른 정부가 있는 것이 아닐까 의심을 한다. 그러면서도 어쨌든 배가 고팠기 때문에 음식을 말끔히 먹어 치웠다. 여자도 남자를 신경 쓰지 않고 먹어 둘은 이제 완전히 편안한 관계가 되었다. 식사가 끝나자 부인풍의 여자가 뒷정리를 하고 나갔다. 사람들이 나가자 여자는 남자에게 다시 문에 자물쇠를 채우라고 한다.

날이 밝자 누군가 또 문을 두드린다. 남자가 문을 열자 이번에는 어젯밤에 왔던 사람들이 아니라 다름 사람들이 들어와 문을 열고 여기저기 청소를 한다. 잠시 후에 이번에는 죽이랑 밥을 가지고 와서 먹게 하고 이어서 점심 식사를 가져오고 그것을 다 먹자 모두 돌아갔다. 이렇게 해서 이삼일이 흐르자 여자는 남자에게 "어디 꼭 가야할 곳이 있습니까?" 하고 물었다. 남자가 친구 집에 가야한다고 하자 하인들이 멋진 말에 안장을 얹어 끌고 왔다. 멋진 의상도 새로 준비하여 남자는 새 옷을 입고 하인들을 대동해서 밖으로 나왔다. 그런데 하인들이 몹시 순종적이고 정말로 말을 잘 듣는다. 외출에서 돌아오자 하인들도 말도 여자가 아무 이야기도 하지 않았는데 모두 어디론가 사라졌다. 식사도 여자가 특별히 누구한테 지시한 적도 없는데 어디선가 가져와서 전과 똑같이 하고 사라진다.

이렇게 아무 불편함도 없이 지내기를 스무 날이 되었다. 여자는 남자에게 "뜻하지 않게 이렇게 된 것도 운명이라 생각합니다. 그러면 사는 것도 죽는 것도 제가 말하는 대로 따르시겠습니까?"하고 묻는다. 남자는 "사실 죽이고 살리는 것은 당신에 달려 있지요."하면서 식사를 한다. 점심에는 언제나처럼 아무도 없다. 그러자 이번에는 여자가 남자를 별당으로 데리고 가서 남자 머리를 새끼줄로 기둥에 묶고 등을 드러나게 해 놓았다. 여자는 남자들이 쓰는 모자와 옷을 입고 어깨 한 쪽은 드러낸 채 채찍으로 남자 등을 80대 때린다. 그리고는 남자에게 묻는다. "어때요? 아프지 않나요?" 남자는 "뭐, 이 정도 쯤이야."하고 답한다. 그러자 여자는 "역시 예상대로 듬직한 분이네요." 하면서 가마의 흙을 물에 타서 마시게 하고[29] 좋은 식초를 먹인 후 땅을 잘 정리한 후 그 위에 눕혀 놓았다. 두 시간 정도 지나 일으켜 세우자 몸이 원래대로 회복되도록 평소보다 더 좋은 음식을 가져와 먹게 한다.

그 후 정성껏 간호하여 3일 정도 간격을 두고 채찍의 상처가 나을 즘에 다시 먼저 장소로 데리고 가서 기둥에 묶고 채찍질을 한다. 그러자 채찍질을 한번 할 때마다 피가 흐르고 살점이 찢어졌지만 개의치 않고 80대씩 때렸다. 그리고는 "어때요? 참을 만한가요?" 하고 묻는다. 그러면 남자는 얼굴색도 변하지 않은 채 "아무렇지도 않소."하고 대답하는 것이

29 예부터 지혈 효과가 있었다고 한다.

다. 남자가 잘 참자 이번에는 배를 때리기도 한다. 그러나 남자는 이 모든 것을 다 잘 참아냈다.

그러던 어느 날, 여자는 남자에게 검은 옷과 새로 만든 활과 활 통, 각반과 짚신을 가지고 왔다. 그리고는 "여기에서 다테나카 문으로 가서 조용히 활을 쏘십시오. 그러면 누군가가 활을 쏠 겁니다. 그리고 나서는 휘파람을 부세요. 그러면 그쪽에서도 휘파람을 불겁니다. 그리고는 앞으로 나가면 누구냐고 물을 것입니다. 그 때 "와 있습니다."하고 대답하십시오. 그런 다음에는 데리고 가는 곳으로 가서 그쪽에서 시키는 대로 서 있으라고 하는 곳에 서 있으면서 사람들이 방해하는 것을 잘 막아 주십시오. 그런 후에는 후나오카 산기슭에 가서 물건을 처분할 것입니다. 거기서 주는 것을 절대로 받으면 안 됩니다."하고 하나하나 꼼꼼하게 가르쳐서 보냈다. 남자는 여자가 시키는 대로 임무를 잘 수행하고 돌아온다.

남자가 무사히 일을 마치고 돌아오자 여자는 목욕물을 뜨겁게 덥혀 놓고 식사 준비도 모두 다 해 놓았다. 이렇게 지내면서 남자는 여자를 떠나기 어려울 정도로 사랑하게 되어 일을 싫다고 생각하지도 않았다. 이런 일을 하기를 일고여덟 번. 어떤 때는 칼을 들고 집안으로 들어가도록 시키기도 하고, 어떤 때는 활을 들고 밖에 서 있도록 하기도 했다. 그때마다 남자는 여자의 기대에 부응하여 일을 잘 해냈다. 그러던 어느 날, 여자가 열쇠를 하나 남자에게 주면서 이렇게 명령했다. "이것을 육각통 북쪽 어디어디에 가지고 가서 거기에 가면 광이 여러 개 있으니까 그 중에 이러이러한 광을 열고 값이 나갈 만한 물건을 잔뜩 싣고 그 가까이에

운송해 주는 곳이 있으니까 그걸 불러서 싣고 오시오."하는 것이었다. 남자는 명을 받은 대로 가 보니 정말 여자가 말한 대로 광이 있어 열어보니 귀한 물건들이 가득했다. 남자는 물건을 싣고 돌아와 마음대로 사용했다. 이렇게 해서 1~2년이 흘렀다.

그러던 어느 날, 여자가 평소와는 달리 슬프게 울고 있었다. 남자가 이유를 묻자 여자는 두 사람이 이제 헤어질 때가 되었다고 한다. 납득을 못하는 남자를 남겨둔 채 여자는 잠시 용무가 있다고 이야기하고는 이내 돌아오지 않았다. 남자는 사방으로 여자를 찾아보았지만 여자는 흔적도 없이 사라지고 없었다.

이 이야기는 아름답고 매력적인 여성이 실은 도적의 두목이었다고 하는 괴기한 설정에서 시작하여 이 여성이 남자에게 채찍질을 하며 쾌감을 느끼고, 남자는 이를 흔쾌히 받아들이는 새디즘, 매조히즘과 같은 이상 성욕의 세계를 그리는 특이한 이야기이다. 갸날픔 속에 카리스마를 지닌 여도적의 모습이 잘 묘사되어 있는 설화라 하겠다.

『곤자쿠 이야기집』에서 보는 적극적이고 강인한 여성상은 문학에서도 우아하고 귀족적인 헤이안 시대에서 서민적인 에너지가 사회의 원동력이 되는 중세 시대로 변화해 가고 있음을 보여주는 것이라 하겠다.